KB190935

사이토 히토리의 역발상 부자론

부자의 관점

사이토 히토리의 역발상 부자론

부자의 관점

사이토 히토리 지음 | **이지현** 옮김

나비의 활주로

독특한 세계관을 가진
별난 사람이 말하는 세상의 이치

이 책에는 당신이 믿기 어려운 것들이 가득 담겨 있습니다. 그러므로 처음 이 책을 읽기 시작하셨다면 '거 참 이상한 책이네.', '세상에는 참 별난 사람이 다 있구나.' 싶을 수도 있을 것입니다. 하지만 확실한 건 제가 쓴 이 모든 것은 상식이고 진실이라는 점입니다. 이러한 제 말을 믿고 실천한 제자들은 현재 풍요롭고 행복한 삶을 누리고 있습니다. 물론 저는 이러한 것을 무리하게 믿으라고 강요하지는 않습니다. 단지 세상에는 '이런 생각도 있구나.'라고 알아주기만 해도 그것으로 만족합니다. 아래는 제가 지은 시입니다.

인의(仁義)

단 한 번의 인생을
세상 사람들의 눈치를 보며

하고 싶은 것도 하지 못한 채

죽어가는 육체의 아쉬움

어차피 한번 태어난 목숨이라면

꽃 한 송이 피우고 지는

벚꽃의 당당함

비록 지더라도 이듬해에

아름답게 만개하는

꽃의 강인한 생명력

꽃 한 송이로 족하겠느냐

백만 송이라도 피우고, 피우고 또 피우리라

하늘에서 내려다보는 신이시여

나의 멋진 삶의 모습을

구석구석 살펴주소서

사이토 히토리

CONTENTS

CHAPTER 3

인간관계란 이런 것입니다: 인간관계의 원리

CHAPTER 6

세상이란 이런 것입니다: 세상의 이치

1

행복이란
이런 것입니다:
행복의 원리

행복의 '원리'를 찾는 여행의 시작

'행복해지고 싶다. 행복해지고 싶다.'

누구나 대부분 이렇게 행복해지길 바랍니다. 그러면서도 아무렇지도 않게 불행해지는 길을 걷습니다. 저는 늘 이점이 의아할 따름입니다. 혹시 당신은 아시는지요? 행복에는 '원리' 가 있다는 것을 말입니다. 그러므로 진심으로 행복을 원한다면 '행복의 법칙'부터 알아야 하지 않을까요? 자, 그럼 지금부터 진정한 행복을 찾아서 함께 여행을 떠나보시죠.

무엇보다 먼저
지금보다 넓은 시야로
세상을 바라보세요

'행복의 원리란 무엇일까요?'

먼저 이것부터 곰곰이 궁리해 봐야 합니다. 세상 사람들이 알고 있는 세상의 원리와 제가 알고 있는 세상의 원리에는 작은 차이가 있습니다. 그것은 바로 세상 사람들이 세상을 바라볼 때보다 제가 '좀 더 넓은 시야로 세상을 바라본다.'는 점입니다. 구체적으로 말하자면 '이 세상'에 대해 좀 더 깊이 알려면 '저세상'에 대해서도 알아야 한다는 의미입니다.

죽으면 인간의 육체는 사라집니다. 그러나 영혼은 영원히 죽지 않습니다. 인간은 영혼을 향상하기 위해서 저세상에서 이 세상으로 몇 번이나 다시 태어납니다. 즉, 삶은 저세상에서 얻지 못했던 배움을 얻기 위한 '영혼의 수행(修行)'입니다.

그리고 우리 영혼의 부모는 바로 신(神)입니다. 개개인은 신의 분령(分靈, 임무를 분담받음)을 받은 존재이지요. 우리는 이 세상에 다시 태어날 때 신과 상담하고, 현생에서 이루어야 할 수행 과제와 수명을 정합니다. 이렇게 사람의 영혼은 몇 번에 걸쳐 현생에 환생함으로써 영혼이 성장해 나갑니다.

그래서 저는 '저세상'에 관한 것들, 예를 들어 영혼이나 신, 환생 등을 믿습니다. 간혹 나에게 "인간은 정말로 환생하나요?"라고 묻는데, 이런 사람들도 죽으면 '히토리 씨의 말이 맞았구나!' 하고 깨닫게 될 것입니다(하하).

또한 그렇게 의심하는 이들 중에는 "과학적으로 증명해 보세요!" 혹은 "눈에 보이지 않는 것을 어떻게 믿습니까?"라고 반응하는 경우도 있는데, 이런 사람들은 그것으로 족합니다. 무엇을 믿느냐는 그 사람의 자유니까 말입니다. 단, 눈에 보이는 것만 믿고 사는 사람은 그만큼 세상을 좁은 시야로 바라보는 것임은 확실합니다.

공기는 눈에 보이지 않지만 공기가 있기에 우리는 숨을 쉴 수 있습니다. 바람도 마찬가지입니다. 눈에 보이지 않지만 바람이 불면 나뭇가지가 흔들리고 우리는 그것을 눈으로 확인할 수 있습니다. 또한 바람이 머리카락이나 몸을 스치고 지나가면 감각으로 느낄 수 있으니까요.

하지만 당신이 누군가를 사랑하는 마음이나 누군가가 당신을 소중히 여기는 마음은 눈에 보이지 않지요. 그렇다고 이런 것들까지 눈에 보이지 않는다고 해서 믿지 못한다면 인생은 무미건조해질 것입니다. 이보다 '신은 존재한다.', '신은 극복할 수 있는 시련만 준다.', '사람은 환생한다.'는 사실을 믿어보세요. 그러면 세상을 바라보는 시야가 넓어지고, 그전에는 보이지 않았던 다양한 것들이 눈에 들어오게 될 것입니다.

중학교를 졸업한 게 전부인 학력에, 돈도 없었던 제가 지금처럼 부자가 될 수 있었던 것도 신을 믿고, 신이 기뻐하는 일을 했기 때문입니다. 결단코 저는 신이 싫어하는 일은 절대로 하지 않았습니다.

# #
욕심을 현명하게
다스리는 방법

신이 창조한 것 중에서 쓸모없는 것은 아무것도 없습니다. 이러한 사실을 믿고 주변을 바라보기 시작하면 다양한 것들을 깨닫게 됩니다. 예를 들어, 인간의 욕심이란 것도 신이 준 것입니다. 그러므로 욕심을 부리는 일은 결코 나쁜 것이 아닙니다. 물론 욕심이 지나치면 안 되지만 욕심이 너무 없는 것도 좋지 않습니다.

남성은 여성을 좋아합니다. 그래서 좋은 여성이 있으면 '만나보고 싶다.', '내 애인이었으면 좋겠다.'라고 여깁니다. 그렇다면 여성도 남성을 좋아할까요? 그렇지 않습니다. 여성은 자신을 예쁘게 꾸미는 것을 더 좋아합니다. 저의 제자 중에는 여성이 많은데, 모두 멋을 내고 치장하는 것을 좋아하니다. 이들에게 '돈은 얼마를 벌어도 좋다. 하지만 꾸미는 데 쓰면 안 된다.'라고 하면 아마 그 누구도 열심히 일하려 하지 않을 것입니다.

자기 외모를 꾸미는 일에 번 돈의 일부를 쓰는 것은 나쁜 일이 아니며, 오히려 좋은 일입니다. 예쁘게 꾸밀 수 있기에 힘든 일도 힘든 줄 모르고 열심히 하게 됩니다. 하지만 자신의 월급으로 감당할 수 없는 고가의 옷을 산다거나 하는 것은 곤란하지요.

남성의 경우도 마찬가지입니다. 아무리 여성이 좋더라도 애인을 여러 명 둔다면 나중에 큰일이 생기겠지요. 그러므로 들키지 않을 정도에 만족하고, 만일 들켰다면 그때는 진심으로 사과해야 합니다(하하).

이렇게 욕심은 적당한 선에서 타협점을 찾아야 합니다. 즉, 본인이 곤란해지지 않을 정도에서 욕심과 타협해야 하지요. 여성이라면 월급을 넘지 않는 범위 안에서 써야 합니다. 남성이라면 애인이나 아내에게 들키지 않을 정도에서(하하) 말입니다. 참고로 그 정도는 사람과 환경에 따라 다릅니다.

66

신이 창조한 것 중에서 쓸모없는 것은 하나도 없습니다. 이를 믿고 주변을 바라보기 시작하면 다양한 것들을 깨닫게 됩니다. 예를 들어, 인간의 욕심도 신이 준 것입니다. 그래서 욕심을 부리는 일은 결코 나쁜 일이 아닙니다. 물론 욕심이 지나치면 안 되지만 욕심이 너무 없는 것도 좋지 않습니다.

욕심이 지나치면
고통스럽습니다

자신도 모르는 사이에 사람은 욕심을 내기 쉽습니다. 예를 들어 제가 이렇게 글을 쓸 때, 주변에 칭찬해 주는 사람이 있는가 하면 헐뜯는 이도 있습니다. 이는 당연한 일입니다. 하지만 열심히 노력하는데 비난을 받으면 속상하기 마련이지요. 그래서 저는 이럴 때면 '모든 사람에게 칭찬받고 싶은 것도 욕심이다.'라고 여깁니다.

제가 책에 쓰거나 사람들 앞에서 강연하는 내용은 대개 '인간의 습성'에 관한 것입니다. 예를 들어 '남성들은 바람을 피운다.' 혹은 '여성들은 예쁘게 치장하려는 습성이 있다.'와 같은 내용인데, 간혹 '그렇지 않다.'며 화를 내는 이들도 있습니다. 하지만 이는 '철은 뜨거워지면 늘어난다.'는 사물의 성질처럼 당연한 이치입니다. 그럼에도 '용납할 수 없다.'는 이가 나타나기도 하지요.

이렇듯 당연한 이치마저 누구나 인정하지 않는데, 하물며 '모든 사람이 자신을 좋아했으면 하고 바라는 것'은 정말 욕심이 아닐까요? 또한 '사람들이 자신을 싫어해도 괜찮다고 여기는 것'도 이상한 일이 아닐까요? 따라서 우리는 적당한 선에서 타협해야 합니다.

만일 마음이 고통스럽고 아프다면 '자신이 지나친 욕심을 부리고 있는 것은 아닌지' 고민해 보세요. 사람에게는 다양한 욕심이 있기 때문에 우리는 그것이 어떤 것인지 모릅니다. 명예욕이거나 혹은 출세욕일 수도 있고요.

또한 사람이라면 누구나 마음속에 욕심이 있는데, 그 욕심을 아예 버리라고 하는 것은 어불성설(語不成說)입니다. 계속 말하지만 단, 지나치게 욕심을 부려서는 안 됩니다. 정도가 지나치면 우울증을 비롯한 정신병이 나타날 수 있습니다. 그러므로 이럴 때는 마음의 균형이 깨지지 않도록 타협점을 찾는 것이 중요합니다.

그리고 타인을 의식하지 않는 것도, 타인을 지나치게 의식하는 것도 좋지 않을 뿐더러 자신의 일에 너무 신경을 곤두세

우는 것도, 아예 신경쓰지 않는 것도 마찬가지입니다. 그래서 인간관계에서, 즉 자신과 주변 사람들 사이에서도 타협점을 찾아야 합니다.

저는 이따금 마음이 아플 때가 있습니다. 그럴 때는 '마음의 균형이 깨졌구나.' 여기고 그 균형을 깨뜨린 원인이 어떤 욕심인지 생각해 봅니다. 그러면 '아, 나한테 이런 욕심이 있었구나.' 하는 깨달음을 얻게 되면서 마음이 편안해집니다.

세상 사람들이 말하는 것과 다른 것을 아내가 남편에게 바라거나 남편이 아내에게 바랄 수 있습니다. 하지만 이 역시 욕심일지 모릅니다. 욕심은 사람에 따라 제각각이며 지나칠수록 고통스러워집니다. 그러므로 마음이 아프고 고통스러울 때는 자신이 무엇에 지나친 욕심을 부리고 있는 것은 아닌지 잘 궁리해 봐야 합니다.

# #
너무 잘나도
피곤합니다

저는 일을 하면서 상품을 개발하고 상품명이나 판매 방법에 대해 고민합니다. 그리고 일과 삶의 방식에 관한 책을 쓰거나, 강연하기도 합니다. 처음 만나는 사람이라도 어떻게든 도움이 되기를 바라는 마음으로 2천 명 앞에서든 1명 앞에서든 똑같이 온 힘을 다합니다. 그래서 때때로 '이런 자신이 너무 멋지고 잘난 것이 아닌가?' 싶기도 합니다(하하).

그런데 너무 멋진 것도 잘난 것도 좋지 않다고 여겨집니다. 사람이 너무 잘난 것도 보기 좋은 것만은 아니거든요. 그럴 필요도 없는 것 같고요. 저는 잘나고 멋진 사람보다, '즐거운 사람'이 좋습니다.

얼마 전에 "일본에는 위대한 정신적 지도자가 3명 있는데,

그중에 한 사람이 바로 사이토 히토리 선생님이에요."라는 말을 들었습니다. 그런데 이 말을 듣고 전혀 기쁘지 않았습니다. 그보다 "히토리 씨와 함께 있으면 즐거워요!"라는 말이 몇 배나 더 기쁘게 느껴집니다.

인생은 고속도로와 같습니다. 3차선이 있다고 치면 가운데쯤을 달리면 됩니다. 만일 갓길로 치우치게 되면 벽에 부딪히거나, 다른 차와 부딪힐 수 있습니다. 그래서 욕심이 아예 없는 것도 안 되고, 욕심을 지나치게 부리는 것도 안 됩니다.

그렇지만 욕심은 돈에만 국한되지 않습니다. 예를 들어 남에게 험담을 듣지 않도록 반듯하게 살려는 욕심도 있습니다. 이러한 삶의 방식은 훌륭하지만 그렇게 살아도 주변에 험담하는 사람은 있기 마련입니다. 어떤 삶의 방식으로 살아가든 뒷말하기 좋아하는 사람들은 합니다. 그러니 험담을 듣지 않으려는 것도 욕심이고, 결국 자기 마음만 고통스러워질 뿐입니다. 그러므로 무슨 일이 있을 때는 '내가 어느 한쪽으로 치우쳐 있는 것은 아닌가?' 하고 자신을 재정비해 보세요.

"

너무 멋진 것도
잘난 것도 좋지 않다는
생각이 듭니다.
사람이 너무 잘난 것도
보기 좋은 것만은
아닙니다.
그럴 필요도
없는 것 같습니다.
저는 잘나고 멋진 사람보다,
'즐거운 사람'이 좋거든요.

세상에
당연한 일은
없습니다

사람은 자신도 모르는 사이에 여러 가지 것들에 익숙해지기 마련입니다. 욕심도 그러합니다. 모든 것은 금방 또 당연하게 여기게 됩니다. 예를 들어, 아내가 남편에게 "당신은 나와 결혼했으니 나만 바라봐야 해요. 한눈팔면 안 돼요."라고 말합니다. 하지만 이는 반드시 그래야 하는 것도 당연한 것도 아닙니다.

남성은 사랑하는 여성이 있어도 따로 마음에 드는 여성이 있으면 그녀를 좋아하게 되는 '습성'이 있습니다. 따라서 만일 결혼하고 나서 한눈팔지 않고 곧장 집으로 돌아오는 남편이 있다면 칭찬해 줘야 합니다. "주변에 멋진 여성들도 많을 텐데 가족을 위해서 열심히 일해 줘서 고마워요."라고 말이지요.

저는 '당연하다'는 말만큼 차가운 말은 없다고 여깁니다. "남편이니까 돈을 벌어오는 것이 당연해."라고 말하기 이전에 "고마워요."라고 말해보세요. 그리고 남편도 마찬가지입니다. 아내도 아르바이트나 부업 등으로 한 달에 몇십만 원 혹은 몇백만 원을 벌 수 있습니다. 그렇다고 아내에게 용돈으로 몇백만 원을 줄 수 있나요? 밖에 나가면 몇백만 원을 벌 수 있는 사람이 가정에서 아무런 대가 없이 남편을 위해 일한다고 생각해보세요. 얼마나 고마운 일인가요?

결혼할 때도 대부분의 예비 신랑은 예비 장인어른에게 "따님을 사랑하고 있습니다. 제게 따님을 주십시오."라고 말합니다. 부모는 엄청난 돈과 애정을 쏟아 자식을 키우지요. 그런 자식을 달랑 "사랑하니까 저에게 주십시오."라는 말 한마디로 데려가려 한다니…. 그러한 부모의 마음을 충분히 이해한 다음에 결혼 승낙을 받아야 할 것입니다.

여자는 예쁘게 꾸미는 것을 좋아합니다. 그래서 옷이라면 백 벌이든 천 벌이든 다 갖고 싶어 합니다. 그런데 당신의 아내는 그렇지 않고 소박한 옷차림을 해도 만족하며 살아갑니다(하하).

앞서 말했듯 남자라는 존재는 여자를 좋아합니다. 그래서 본능적으로 여러 여자를 만나고 싶어 하지요. 그런데 당신의 남편은 퇴근해서 곧장 집으로 돌아옵니다(하하). 부부가 이런 점을 서로 이해하고 고마워한다면 화목해질 것입니다.

'부부 생활은 수행이다.'라는 말은 남녀의 '구조'가 다르다는 뜻입니다. 습성도 다르고 자란 환경도 다릅니다. 그런 남녀가 서로의 차이점을 이해하려고 노력한다면 '그런 면이 있으면서 나를 위해서 이렇게 해주다니!'라며 고마움을 느끼게 될 것입니다.

'당연하다'를
'고맙다'로 바꿉니다

여러 곳을 여행하다 보면 가끔 인사치례로도 '맛있다'고 말하기 어려운 국숫집에 가게 되는 때가 있습니다. 저는 그런 국숫집에 가더라도 무심코 팁을 두고 나옵니다. 이를 보고 주변 사람들은 "맛대가리 없는 국숫집에 왜 팁을 두고 나옵니까?"라고 묻습니다. 그런데 그렇게 맛없는 국수로 가족을 부양했다고 생각해 보면, 그 주인이 참 대단하지 않은가요?

어쩌면 국숫집 주인은 맛있는 국수를 만들 재능이 없을지도 모릅니다. 그럼에도 나쁜 길로 빠지지 않고 열심히 국숫집을 운영하고 있으니 정말 대단한 사람이 아닌가요? 국수를 팔아서 딸을 대학에 보내고 시집을 보내며 가족을 부양하는 것은 결코 쉬운 일이 아닙니다.

얼마 전에 전통 여관에 묵은 적이 있었습니다. 그런데 신기하게도 이곳의 직원들이 대부분 나이가 좀 있는 편이었지요. 그분들도 처음 일을 시작했을 때는 젊었을 것입니다. 사실 나이 든 직원을 해고하지 않고 오랫동안 함께 여관을 운영한다는 것은 녹록한 일이 아닙니다.

보통은 나이 든 사람보다 젊은 사람을 선호하기 마련입니다. 그런 직원들을 벌써 오래전에 내보냈을 법도 한데, 함께 나이를 먹으며 여관을 꾸리다니 대단한 일이 아닐 수 없습니다. 절로 감탄사가 나올 따름입니다. 이렇게 생각하면 저는 또 얼마 정도의 팁을 두고 나오게 됩니다. 그러면 함께 갔던 이가 "저렇게 서비스가 엉망인 곳에 왜 팁을 줍니까?"라고 묻는 데에 대한 제 의견입니다.

이처럼 저와 같은 시야로 세상을 바라보면 우리 주변에는 대단한 사람이 꽤 많습니다. 그리고 그렇게 세상을 바라보면 행복해집니다. 주변의 대단한 사람을 알아보지 못하는 것은 그 사람에게 세상을 보는 '안목'이 없기 때문입니다.

옛날 사람들은 별반 지식이 없었어도 불평 한마디 없이 여러 명의 자식을 열심히 키웠고, 요즘 사람들이 할 수 없는 일까지 해냈습니다. 그런데 요즘 사람들은 머리에든 지식도 많으면서 옛날 사람들보다 할 수 없는 일이 더 많아 보입니다.

이는 뭐든지 당연하다고 여기기 때문입니다. 그런데 중요한 것은 '이 세상에 당연한 일은 없다'는 사실입니다.

앞에서도 언급했지만, 제가 가장 싫어하는 말이 '그 정도는 당연하지.'라는 것입니다. 저는 회사에 출근하면 반드시 "수고 했어요.", "고맙습니다."라고 모든 직원에게 말합니다. 그리고 따뜻한 차를 내어주면 "고마워요."라고 인사합니다. 사장에게 차를 내어주는 것은 절대 당연한 일이 아닙니다. 이와 마찬가 지로 남편이 바깥에서 돈을 벌어오는 것을 당연하게 여기면 그 사람의 삶은 무척 척박해질 것입니다. '직원이니깐 일하는 것이 당연하지.'가 아닙니다. 열심히 일해주고 있으니 '고마운 것'이지요.

이 세상 어디에도 당연한 일은 없습니다. 물도 무(無)에서 는 나오지 않지요. "물 좀 주세요."라고 말해야 누군가가 가져 다줍니다. 우리가 물을 마실 수 있는 것도 수도 사업소에서 일 하는 사람과 컵을 만든 사람이 있기 때문입니다. 그래서 일본 에서는 있을 리 없는 일이 일어났을 때에, 즉 고마울 때에 '아 리가토우(有難う)'라고 말하는가 봅니다. '아리가토우'라는 일 본어를 풀이해 보면 '있기 어렵다'는 뜻입니다.

저는 쌀 한 톨도 수확해 본 적이 없지만 매일 쌀밥을 먹을 수 있습니다. 이는 누군가 나를 대신해서 농사를 지어준 덕분입니다. 저는 어부가 아니기 때문에 생선을 낚아본 적이 없지만 생선을 먹을 수 있습니다. 참으로 고마운 일이지요. 그런데 누군가는 이를 당연하다고 여깁니다. '당연하다'를 '고맙다'로 바꿔보세요. 그러면 당신의 삶이 완전히 달라질 것입니다.

"

중요한 것은 '이 세상에 당연한 일은 없
다'는 사실입니다. 물도 무(無)에서는 나
오지 않습니다. '물 좀 주세요.'라고 말
해야 누군가가 가져다줍니다. 우리가
물을 마실 수 있는 것도 수도 사업소
에서 일하는 사람과 컵을 만든 사람
이 존재하기 때문입니다. 그래서 일본
에서는 있을 리 없는 일이 일어났을 때
에, 즉 고마울 때에 '아리가토우(有難う)'
라고 말하는가 봅니다. '아리가토'라는
일본어를 풀이해 보면 '있기 어렵다'는
뜻입니다.

'행복 레이더'의
감도를 높입니다

앞서 말했듯, '당연하다고' 여겼던 일에 감사하기 시작하면 더 많은 행복을 느낄 수 있습니다. 행복은 결국 당연한 일에 얼마만큼 기뻐할 수 있느냐에 달려 있으니까요. 저는 매일 아침, 점심, 저녁 세 끼를 먹을 수 있는 것이 기쁩니다. 그래서 어떤 반찬이 나와도 기쁩니다. 이는 맛있는 요리를 먹을 수 있어서, 고급 레스토랑에서 먹을 수 있어서 기쁜 것이 아닙니다.

'행복에 둔한 사람'은 장미꽃 백만 송이를 봐야 그제야 "예쁘네."라고 말합니다. 하지만 장미꽃 백만 송이는 좀처럼 보기 어렵습니다. 그보다 길가에 핀 민들레를 보고 '참 예쁘네'라고 여기는 것이 정말 행복이 아닐까요? 자그마한 꽃을 보더라도 예쁘다고 생각하면 매일 행복해집니다.

즉, 행복을 느끼는 레이더의 감도를 항상 높여두는 것이 중요합니다. 레이더의 감도가 떨어지면 눈앞에 있는 행복을 놓치게 되지만, 감도를 높이면 자신의 주변에 얼마나 많은 행복이 있는지 알게 됩니다.

6평짜리 원룸에 살던 사람이 10평짜리 원룸에 살게 되는 것도 행복입니다. 하지만 그것이 방 두 개에 다이닝 키친이 아니면 안 되거나, 고급 빌라가 아니면 안 되거나, 단독주택이 아니면 안 된다고 한다면 정말 끝이 없는 것이지요.

행복은 물질이 아니라 마음으로 느끼는 것입니다. 그러므로 항상 자신의 행복 안테나를 켜두어야 감도가 떨어지지 않습니다. 만일 당신이 지금의 행복을 느끼지 못한다면 행복을 느끼게 해주는 안테나가 잘 서 있는지, 레이더의 감도가 낮지는 않은지 점검해 보세요. 그러면 '여기도 있네!', '어라, 여기도 또 있네!'라며 눈앞의 행복을 금세 알아차리게 될 것입니다.

'조건부 행복'은
행복이 아닙니다

사람은 반드시 행복해질 수 있습니다. 행복해지는 것은 권리가 아니라 의무입니다. 그런데 행복해지려면 먼저 '행복의 원리'부터 알아야 합니다. 행복의 원리란 '행복한 사람이 행복을 향해 달려가면 더 많은 행복을 누릴 수 있다.'는 것입니다.

구체적으로 말해서 행복해지고 싶다면 '지금 당장 행복하다'고 여기면 됩니다. '이걸 하면 행복하다.', '저걸 가지면 행복하다.'가 아닙니다. 지금 당장 행복해지는 것입니다. 지금을 바꾸지 않고 있는 그대로 행복하다고 생각하세요. 그리고 행복을 향해 달려가면 더 큰 행복을 누릴 수 있습니다.

반면 불행한 상태에서 행복을 원하면 불행은 눈덩이처럼 크게 불어납니다. 그러므로 'ㅇㅇ에서 태어나서 행복하다.',

'아침에 눈을 뜰 수 있어서 행복하다.'라며 행복한 상태로 일터에 나가세요. '뭔가 좋은 일이 없으려나?' 하는 마음으로 출근해서는 안 됩니다.

저는 어디를 가든 행복합니다. 왜냐하면 나 자신이 늘 행복하기 때문입니다. 그래서 어떤 곳이든 내가 있는 곳은 행복이 넘칩니다. 어디를 가든, 누구를 만나든, 무엇을 먹든 행복합니다. 이는 '태양의 빛'과 같은 원리입니다. 태양이 비추는 곳이 밝은 것처럼, 내가 있는 곳은 환하게 밝아집니다. 이렇게 나 자신이 먼저 밝아지고 행복해지면 자연스럽게 주변도 그렇게 됩니다.

조건부 행복은 행복이 아닙니다. "오늘은 히토리 씨를 만나서 행복해요."라고 말해도 괜찮지만, 저를 만나지 못해도 행복해야 합니다. 행복은 자신이 느끼는 것입니다. 어디를 가든 '피곤하다.'고 말하면 피곤해지고, '행복하다.'고 말하면 행복해집니다. 그것이 바로 행복입니다.

행복한 사람은 행복한 상태로 행복을 향해 움직이기 때문에 행복이 점점 커져서 눈덩이처럼 불어납니다. 하지만 불행한 사람은 행복해지려고 움직여봤자 소용이 없습니다. 행복해지려고 움직이는 것 자체가 현재 불행하다는 증거니까요.

행복이란 생각이고 행복하다는 의지입니다. 흔히 행복을

어딘가에서 굴러오거나 소유할 수 있는 것이라고 여기는데, 그렇지 않습니다. 행복은 본인이 행복하다고 여기면 얻을 수 있습니다. 요컨대 행복은 믿음입니다. 그래서 '나처럼 행복한 사람은 없다.'고 여기면 그 사람은 행복한 것입니다. 저의 제자들은 "히토리 선생님보다 제가 더 행복해요."라고 말합니다. 어쩌면 각자의 착각일지도 모르지만 제자들은 정말로 그렇게 믿고 있습니다.

우리 집은 어머니가 일하시느라 무척 바빠서 누나와 나를 잘 보살펴주지 못했습니다. 저는 "엄마는 매일 일만 하고 우리한테는 관심도 없어. 그러니 저는 불행한 사람이야."라고 툴툴댔습니다. 하지만 저는 오히려 편하고 좋았습니다.

보통 이런 경우에 부모는 자식을 돌봐주지 못한다는 미안한 마음에 용돈을 듬뿍 주기도 합니다. 그러면 자식은 잔소리를 듣지 않아도 되고, 남들보다 용돈을 두 배나 받을 수 있으니 얼마나 좋은 일인가요? 반면 내 누나처럼 '돈으로 어떻게 해보려고만 하고 자식에게 전혀 관심이 없어!'라고 여기면 불행할 수밖에 없습니다.

"

행복이란 생각입니다.

행복하다는 의지입니다.

흔히 행복을 어딘가에서 굴러오거나

소유할 수 있는 것이라고 여기는데,

그렇지 않습니다.

행복은 본인이 행복하다고 여기면

얻을 수 있습니다.

요컨대 행복은 믿음입니다.

그래서 '나처럼 행복한 사람은 없다.'고

여기면 그 사람은 행복한 것입니다.

자신에게 일어난 일은
모두 행복입니다

자신에게 일어난 일을 불행이라고 여겨서는 안 됩니다. 저는 전쟁이 끝나고 3년째 되던 해인 1948년에 태어났습니다. 그래서 한창 클 나이에 끼니를 걱정해야 하는 어려움은 없었지만, 다만 입을 옷이 없어서 구멍 난 옷을 입고 다녔지요. 그래서 친구들과 숨바꼭질 놀이를 하다가 옷이 찢어져도 원래 구멍이 나 있던 옷이라 꾸중을 듣는 일이 없었습니다.

부모님은 전쟁을 경험한 세대이셔서 '살아서 밥을 먹을 수 있는 것만으로 행복하다.'고 하셨습니다. 그래서 "공부해라! 제발 공부 좀 해라!"라는 잔소리를 하지 않으셨습니다. 덕분에 저는 마음껏 뛰어놀 수 있었습니다. 숙제를 한 적이 단 한 번도 없었지만 혼나지는 않았습니다. 저보다 늦게 태어난 세대는 '학력 사회'라고 해서 공부하라는 잔소리를 들으며 자랐을 것입니다. 하지만 저는 누구에게도 '공부해라!'라는 잔소리를 듣지 않았고, 밥도 배불리 먹으면서 놀고 싶으면 언제든지 마음껏 뛰어놀 수 있었습니다.

또한 제가 16~17세가 됐을 때, 일본에서 '아이비 룩'이 유행하면서 '밴VAN' 혹은 '준JUN'이라는 브랜드 옷이 나오기 시작했습니다. 그전까지만 해도 세련된 옷이 별로 없었는데, 제가 이성에 눈을 뜰 무렵 세상이 그에 부응이라도 하듯이 브랜드 옷이 유행하기 시작했지요.

저는 이러한 이유로 '나처럼 운 좋은 놈은 없을 거야.'라고 생각합니다. 물론 저와 같은 시대에 태어났어도 그렇게 여기지 않는 사람도 있을 것입니다. 하지만 이 세상은 '무슨 일이 있어도 나는 행복하다.'고 생각하기 위해 수행하는 곳입니다. 그래서 저는 저에게 일어난 일은 모두 행복이라고 여깁니다.

'옷이 없었어.', '학력이 낮았어.' 등 불행한 사람은 그 이유를 자신의 단점에서 찾습니다. 하지만 자신에게 없는 부분을 파고들어 봤자 고통스러울 뿐입니다. 그보다는 자신에게 있는 부분에 주목하는 것이 좋습니다. 그러면 자신이 얼마나 행복한지 깨닫게 되고, 자신에게 있는 것을 활용해서 더 큰 행복을 누릴 수 있기 때문입니다.

"

저는 '나처럼 운 좋은 놈은 없을 거야.'
라고 생각합니다. 물론 저와 같은 시대
에 태어났어도 그렇게 생각하지 않는
사람도 있을 것입니다. 하지만 이 세상
은 '무슨 일이 있어도 나는 행복하다.'
고 생각하기 위해 수행하는 곳입니다.
그래서 저는 저에게 일어난 일은 모두
행복이라고 여깁니다.

# #
부모의 말을
안 들으면
고생합니다

저는 중학교 졸업이 학력의 전부입니다. 부모님은 제가 고
생하지 않았으면 하는 마음이 있으셔서 고등학교, 대학교까
지 보내고 싶어 하셨지요. 하지만 부모님 말씀을 듣지 않았고,
결국 또래보다 일찍 사회로 나가서 무척 고생했습니다.

그렇지만 즐거웠습니다. 세상의 눈으로 바라보면 고생하는
것처럼 보였겠지만, 저 자신은 즐거웠습니다. '부모님 말씀을
안 들으면 고생한다.'는 말은 맞습니다. 하지만 고생이라는 것
은 세상 사람들이 말하는 일반적인 의미일 뿐, 본인이 자처해
서 하는 고생은 즐겁기만 합니다.

**지금까지 살면서 '그렇게 했으면 좋았을 텐데…'라고 후회
한 적이 단 한 번도 없습니다. 항상 하고 싶은 일을 했는데 후**

회할 일이 있을까요? 언제나 저는 좋아하는 일을 해왔습니다. 그래서 무척 힘들기도 했지만 이는 주변 사람들이 봤을 때의 이야기이고, 정작 저 자신은 고생이라고 여기지 않았고 당연한 일이라고 여겼습니다.

어차피 하고 싶은 일을 해도 힘들고, 하고 싶은 일을 하지 않아도 고생은 합니다. 아마도 제 이야기를 책으로 쓰면 재미없을 것입니다. 하고 싶은 일만 해왔으니까요. 그 대신 저는 항상 행복합니다.

사실 '산다는 것은 힘든 일'입니다. 어차피 힘들 거라면 좋아하는 일을 하는 편이 낫지 않을까요? 좋아하는 일이라면 힘들어도 참을 수 있으니까 말입니다. 어쨌든 저는 제 인생이 무척 즐겁기에 '다시 태어난다면 이것만은 꼭 하고 싶다.'는 바람은 없습니다. 그저 지금과 똑같은 일을 하고 싶습니다.

앞에서도 언급했지만, 저는 또래보다 일찍 사회로 나와서 사람들이 생각하는 것보다 몇 배는 더 고생했습니다. 하지만 '내가 고생했으니까 다른 사람도 고생해야 한다.'고 여기지 않습니다. 또 젊은 시절에 열심히 노력하는 저를 방해하거나 발목을 잡았던 사람은 있었지만, 저를 도와준 사람은 거의 없었습니다. 그렇다고 모든 사람이 저처럼 고생해 봐야 한다고 생각하지는 않습니다.

사람이라면 자신이 겪어보고 싫었던 일을 남에게 시켜서는 안 됩니다. 고생은 자신이 하면 그만이며, 다른 사람을 고생시킬 필요는 없습니다. 고생하고 있다면 그 사람을 도와주세요. 예를 들어 자신이 빠졌던 함정이 있다면 '여기는 함정이야!'라고 다른 사람에게 알려주는 겁니다. '너도 한번 빠져 봐라!'라고 생각하면 안 됩니다. 그리고 동아리에서 선배가 잘난 척하는 것을 보고 기분이 나빴다면, 자신이 선배가 되었을 때 잘난 척을 하지 않으면 됩니다. 이처럼 자신이 경험해서 좋거나 기뻤던 것은 다른 사람도 경험할 수 있게 도와주되 싫었던 것은 시키지 말아야 합니다.

"

산다는 것은 힘든 일입니다.
어차피 힘들 거라면 좋아하는 일을
하는 편이 낫지 않을까요?
좋아하는 일이라면 힘들어도
참을 수 있으니까 말입니다.
어쨌든 저는 제 인생이 무척 즐겁기에
다시 태어난다면 이것만은
꼭 하고 싶다는 바람은 없습니다.
그저 지금과 똑같은 일을
하고 싶습니다.

고생시키기보다
해줄 수 있는 일은
해주세요

'젊어서 고생은 사서도 한다.'는 말이 있습니다. 하지만 자신도 고생했으니 상대방도 똑같이 고생해야 한다고 생각한다면 아무런 발전이 없게 됩니다. 제자 중 한 명이 사업을 시작할 때, "제가 과연 사장이 될 수 있을까요?"라며 불안해했습니다. 그래서 저는 "물론 될 수 있지요."라며 그녀를 다독였지요. 그녀가 훌륭한 사장이 될 수 있도록 물심양면으로 도울 예정이었기 때문입니다.

남을 위해서 자신이 할 수 있는 일이 있다면 해주면 됩니다. '가르친다'는 것은 왠지 매정한 느낌이 들지 않나요? 돕는다는 것은 '내가 가르쳐줄 테니까 해봐라.'가 아닙니다. 옆에서 같이 해주다 보면 자연히 그 사람도 할 수 있게 됩니다.

제 제자들은 모두 사장이 됐습니다. 제가 가르쳐 줬기 때문이 아니라, 제가 할 수 있는 일을 해줬기 때문입니다. 할 수 있는 사람이 하면 그만입니다. 그런데 사람들은 남을 돕기는커녕 자신보다 잘 되면 배가 아프다며 훼방을 놓습니다. 이러한 삶의 방식은 옳지 못하고, 그야말로 저질 중의 저질이지요.

저는 항상 즐겁고 기쁘게 살고 있으며 모두에게 "마음이 기쁘면 행복해집니다."라고 말합니다. 그러면 어디선가 "히토리 씨는 돈이 있으니까 행복해질 수 있죠."라고 말하는 사람이 나타납니다. 그런데 저는 돈이 없을 때부터 기쁘고 즐거웠습니다. 지금까지 항상 행복하게 살아왔고 부자가 된 것도 이러한 마음가짐 덕분입니다. 그래서 모두에게 당당히 말할 수 있습니다. 지금 바로 행복해지라고 말입니다. 행복의 길은 따로 있는 것이 아니라 행복한 사람이 걸어온 길이 바로 '행복의 길'이라고 말입니다.

행복의 길은 뒤를 돌아보면 생깁니다. 즉, 행복의 길이 먼저 있는 것이 아니라, "나는 행복합니다. 나는 행복합니다."라고 말하면서 지금까지 걸어온 길이 바로 행복의 길이 되는 것입니다. 이렇게 우리는 행복의 길을 만들어갑니다. 그리고 제가 걸어온 행복의 길을 현재 제자들과 다른 사람들이 걷고 있습니다.

물론 저도 고생은 했습니다. 다만 그것을 고생이라고 여기지 않았을 뿐이지요. 무슨 일이 있어도 '젠장, 왜 이런 일이 나한테 일어나는 거야?'라고 여기지 않았습니다. 그리고 앞으로도 절대 그렇게 생각하지 않을 것입니다.

66

남을 위해서 자신이 할 수 있는
일이 있다면 해주면 됩니다.
가르친다는 것은 왠지
매정한 느낌이 들지 않나요?
돕는다는 것은
'내가 가르쳐 줄 테니까 해봐라.'가
아닙니다. 옆에서 같이 해주다 보면
자연히 그 사람도
할 수 있게 되는 것입니다.

지금까지의 경험으로
오늘을 삽니다

현재 자신의 나이를 떠올려보세요. 당신이 20세라면 20년, 30세라면 30년간의 경험을 통해서 얻은 지혜를 갖고 있는 것입니다. 자, 이제부터 몇십 년의 경험을 통해서 얻은 지혜로 오늘 하루를 살아보세요.

어떤 시련이 닥쳐도 우리에게는 몇십 년을 쌓아온 경험이 있습니다. 그 지혜를 살려서 오늘 하루를 기분 좋게 살면 됩니다. 그러면 내일에 오늘 하루의 경험이 더해질 것입니다. 3살짜리 꼬마는 고작 3년의 경험으로 살아야 하지만, 우리에게는 몇십 년이라는 경험을 통해 얻은 지혜가 있습니다. 그러니 우선 오늘 하루를 기분 좋게 사세요. 그러면 반드시 내일이 올 것입니다. 그리고 내일이 오면 그 하루를 또 기분 좋게 살 수 있습니다. 인생은 이렇게 오늘과 내일의 반복입니다.

인간은 오늘 하루를 열심히 산 만큼 성장합니다. 그래서 상상하지 못할 만큼 엄청난 일은 일어나지 않습니다. 반드시 자신이 극복할 수 있는 일만 일어납니다.

2

마음이란
이런 것입니다:
마음의 원리

불리한 것을
생각하면
뇌는 정지합니다

    결국 행복은 '마음으로 무엇을 생각하느냐'에 달려 있습니다. 참고로 인간의 뇌는 가만히 내버려두면 사고를 멈추는데, 이런 뇌의 원리를 알아두면 살면서 더 자주 이득을 보게 될 것입니다. 주변을 둘러보면 입버릇처럼 "저는 우울해요.", "마음이 아파요.", "힘들어요."라고 말하는 사람이 있습니다. 하지만 그들에게 닥친 시련은 누구나 경험하는 것입니다. 실연을 당했을 때, "애인에게 차였어요."라며 우울해하기만 한다면 아무런 발전이 없습니다. 잠시 슬퍼하고 우울해하는 것은 괜찮지만, 언젠가는 극복하고 일어서야 합니다.

    저에게도 시련은 닥치게 마련입니다. 신이 "히토리, 자네는 특별대우를 해주겠네. 힘든 일이나 시련은 없을 걸세."라고 말해줄 리가 없습니다. **누구에게나 힘든 일은 반드시 있습니다. 다만 저는 그런 상황에 부딪혔을 때, 힘들다고 여기지 않을 따름입니다. '재미있는 일이 일어났구나!'라고 여깁니다. 절대로 힘들다고 생각하지 않습니다. 힘들다고 여긴들 일이 해결되는 것은 아니니까요.**

인간의 뇌는 '큰일 났어!', '힘들어.'라는 생각만 해도 수비 자세로 돌아서고, 결국 사고를 멈춰버립니다. 하지만 '재미있는 일이 벌어졌어! 자, 이제 뭘 할까?'라고 생각하면 뇌가 활력을 얻고 답을 몇 개라도 찾기 위해서 움직입니다.

또한 자신에게 불리하거나 부정적인 언어를 사용하면 뇌는 활동을 멈춥니다. 예를 들어 "나는 중졸이니까."라고 말하면 뇌는 '중졸로 살면 되는데 생각할 필요가 있겠어?'라며 활동을 멈춰버립니다. 반대로 "남들보다 일찍 사회에 나왔으니 어디 한 번 해보자!"라고 말하면 '그러면 이제 어떤 일을 하지?' 하고 계속 생각하기 시작합니다.

이처럼 인간은 자신에게 불리하거나 부정적인 언어를 사용할 때, 행동을 멈추고 게을러지게끔 되어 있습니다.

"

행복은 결국 마음으로
무엇을 생각하느냐에
달려 있습니다.
참고로 인간의 뇌는
가만히 내버려두면 사고를
멈추는데,
이런 뇌의 원리를 알아두면
살면서 더 자주 이득을
보게 될 것입니다.

당신에게 일어난 일은
마음이 이끈 것입니다

결국 마음속으로 무엇을 생각하느냐에 따라 자신에게 일어날 일도 달라집니다. 인간은 더 좋은 애인을 찾으려고 할 때, 상대방과 균형을 맞추기 위해서 스스로 매력적인 사람이 되려고 노력합니다. 그렇게 해서 인간은 성장해 나갑니다.

그런데 애인에게 차였다면서 우울해하기만 한다면 어떻게 될까요? 지금보다 훨씬 더 형편없는 애인이 나타날 것입니다. '끼리끼리 뭉친다.'는 말처럼 그런 사람만 꼬이게 됩니다. 이것이 바로 '끌어당김의 법칙'입니다. 결과적으로 지옥에 끝이 없는 것처럼 최악으로 치닫게 될 것입니다. 우울해하면 우울해한 만큼 그에 어울리는 사람이 다가올 테니 주의해야 합니다.

이렇게 자신이 더 나은 사람이 되면 반드시 그에 걸맞은 인격의 소유자가 나타납니다. 즉, 자신이 멋지게 성장할수록 주변에 멋진 사람이 모이게 됩니다. 그리고 이렇게 모인 사람들끼리 성장하면 세상은 더 멋진 곳이 되겠지요.

가보면 알겠지만 지옥보다 천국이 좋겠지요(하하). 그리고 지옥도 지옥에 가는 사람의 파동에 따라 각자 가는 곳이 다릅니다. 예를 들어 험담을 자주 하던 사람은 그런 사람들이 모이는 곳에 가게 됩니다. 약자를 따돌리며 괴롭혔던 사람은 그런 사람들이 모이는 곳에 가게 됩니다. 지옥은 그런 곳입니다. 이 역시 '끌어당김의 법칙'이 작용합니다.

66

결국 마음속으로 무엇을 생각하느냐
에 따라 자신에게 일어날 일도 달라집
니다. 인간은 더 좋은 애인을 찾으려
고 할 때, 상대방과 균형을 맞추기 위
해서 스스로 매력적인 사람이 되려고
노력합니다. 그렇게 해서 인간은 성장
해 나갑니다.

# #
'좋고 싫음'이
너무 심하면 약해집니다

　'좋고 싫음'도 결국은 본인이 어떤 사고방식을 갖고 있느냐에 따라 달라집니다. 예를 들어 '이 음식은 좋다.', '저 음식은 싫다.'며 가려 먹는 이는 사람도 가려서 만나려는 경향이 강합니다.

　저는 어렸을 적에 어떤 음식을 잘 먹지 못하면 어머니께 "남자가 그런 것도 못 먹니?"라는 핀잔을 들었습니다. '편식하지 마라.'가 아니라 '그 음식을 먹을 수 없다면 너는 진 거야. 고작 그런 것에 지는 사람이 되고 싶니?'라는 이론이었습니다.

　저의 외가는 대대로 군인을 배출한 집안입니다. 그래서 음식과 옷에 불평하는 사람이 없습니다. 다들 남자라면 어디서든 자고 무엇이든 먹을 수 있어야 한다고 생각합니다. 덕분에 저는 뭐든지 가리지 않고 잘 먹고, 옷에 대해 불평한 적도 없습니다. 잠자리도 어디든 가리지 않습니다. 예를 들어 싸구려 여관방에서도 잠만 잘 잡니다.

그래서 어디를 가든 행복합니다. 어쩌면 행복은 이런 것일지도 모르겠습니다. 행복해지려면 일단 강해져야 합니다. 우리는 강해지기 위해서 밥을 먹습니다. 이때 될 수 있다면 편식하지 않고 맛있게 먹어야 합니다. 이렇듯 강해지면 스스로 도울 수 있고 더 나아가 남도 도울 수 있습니다.

사실 이렇게 말해도 '좋고 싫음'을 가리는 버릇은 고치기 어렵습니다. 하지만 사람을 가려서 만나려는 버릇만은 고치는 편이 본인에게 좋을 것입니다. 자신은 물론 남까지 도울 수 있는 사람이 될 수 있기 때문입니다. 그리고 더욱 강해지면 보다 많은 사람들을 도울 수 있습니다.

처음부터 남을 도울 수 있을 정도로 강하면 얼마나 좋을까요? 하지만 보통은 그러기 어려우니 시작 단계에서는 다른 사람의 도움을 받아도 괜찮습니다. 그렇다고 계속 도움만 받으려고 해서는 안 됩니다. 남에게 도움을 받았으면 그 사람에게 배운 것을 다른 이에게도 가르쳐 주세요. 그렇게 하면 남을 돕는 인생을 살 수 있습니다. 남에게 도움을 받는 인생보다 남을 돕는 인생이 더 즐겁습니다.

다시 한번 언급하지만, 남을 도우려면 강해져야 합니다. 그러기 위해서는 몸과 마음을 튼튼하게 하는 음식을 섭취해야 합니다. 예를 들어 스테이크나 내장 요리로 영양을 보충하고, 채소도 많이 먹어야 합니다. 일단 뭐든지 즐겁게 먹으면 몸과 마음은 자연스럽게 건강해질 것입니다(하하).

세상의 모든 일은 평소에 자신이 생각하고 행동하는 대로 흘러갑니다. 비실비실 약한 사람이 매일 스테이크를 배불리 먹는 모습이 상상이 가나요? 저만 봐도 그렇습니다. 어려서부터 몸이 약해서 자주 병원에 입원했지만, 아픈 환자라고는 생각할 수 없을 정도로 긍정적으로 행동했습니다. 그래서 병원에 입원한 환자답지 않은 모습 때문에 병이 금세 달아났던 경험이 많습니다. 원래 병이란 게 신경을 쓰면 쓸수록 더 심해지고 오래가는 건 아닐까요?

66

남에게 도움을 받았으면
그 사람에게 배운 것을 다른 이에게도
가르쳐 주세요.
그렇게 하면 남을 돕는 인생을
살 수 있습니다.
남에게 도움을 받는 인생보다
남을 돕는 인생이 더 즐겁습니다.

자신에게 주어진
카드로 이깁니다

'내게는 ○○이 없다.', '저는 ○○을 할 수 없다.'

이처럼 불행한 사람은 자신에게 '없는 것'에 초점을 맞춥니다. 하지만 진정으로 행복해지고 싶다면 '내게는 ○○이 있다.', '○○도 있다.'라며 자신에게 '있는 것'에 초점을 맞춰야 합니다. 그래야 행복해집니다.

인간에게는 '업(業)'이라는 것이 있습니다. 이는 신이 내려준 것인데, 우리는 업을 통해 행복해질 수 있지요. 예를 들어 카드 게임에서 자신에게 주어진 카드를 보고 하나에서 열까지 불평한다면 절대로 이길 수 없습니다. 이기고 싶다면 자신에게 주어진 카드로 '어떻게 승부를 낼 것인지'를 생각해야 합니다.

우리 주변에는 장애를 갖고 태어나는 사람들이 있는데, 이들 중에는 영혼이 맑고 깨끗한 사람이 많습니다. 일반 사람들은 '생활하는 데에 얼마나 불편할까?'라며 걱정하지만, 그렇게까지 불편하거나 곤란하지 않습니다. 또한 주변에 '저는 걸음이 느려요.'라고 말하는 사람이 있는데, 이런 사람이 운전 연수를 받아서 포르쉐 같은 스포츠카를 타면 시속 200km라도 달릴 수 있습니다.

이렇듯 우리는 자신이 못하는 것, 혹은 자신에게 없는 것에 초점을 맞추지 말고 자신이 잘하는 것을 열심히 하면 됩니다. 인간은 서로 돕고 부족한 점을 채워주면서 살아가는 존재입니다. 그렇기에 자신이 못하는 것은 반드시 누군가가 도와주게 되어 있습니다.

이를 깨닫지 못하고 자신에게 부족한 점을 없애려고 애를 쓴다면 인생의 소중한 시간을 낭비하게 될 것입니다. 못하는 부분을 해내고 싶으면 자신에게 있는 것과 자신이 잘하는 것을 살려서 남을 도와주면 됩니다.

'좋고 나쁨'을
정하는 것은
자신입니다

우리는 신이 창조한 것에 대해 불평해서는 안 됩니다. 불평하고 싶어도 행복하게, 즐겁게 살아야 합니다. 예를 들어 날씨도 해가 쨍쨍 나는 맑은 날이 있는가 하면 흐린 날도 있고, 비가 내리거나 눈이 오는 날도 있습니다. 이는 우리가 선택할 수 있는 것이 아닙니다. 하지만 비가 오는 날이든, 바람이 세차게 부는 날이든, '좋은 날씨인지 아닌지'를 결정하는 것은 자기 자신입니다. 즉, 비 오는 날에 '옷이 젖으니까 너무 싫어!'라고 불평할 것인지, '때마침 단비가 내리는구나!' 하고 좋아할 것인지를 결정하는 것은 어디까지나 본인입니다.

사람이라면 어떤 상황에서든지 자신에게 유리하거나 잘하는 분야에 승부를 걸어야 합니다. 서툴거나 부족한 분야는 어

차피 노력해도 중간밖에 가지 못하므로 시간 낭비일 뿐입니다. 그보다는 '어떻게 하면 현재 주어진 상황에서 행복해질 수 있는지를 고민'해야 합니다. 지금의 자신을 살펴보면 단점도 많을 것입니다. 물론 나에게도 단점은 너무나 많습니다. 스타일이 촌스럽다거나 성격이 나쁘다거나 하는 점이 단점 말이지요. 혹은 이가 튼튼하지 않다거나 위장이 좋지 않다거나 등등 단점은 많습니다. 하지만 크게 개의치 않아요.

앞에서도 언급했지만, 인간의 행복은 행복해지려는 의지에 달려 있습니다. 이와 마찬가지로 건강해지는 데도 의지가 필요합니다. 몸이 약한 사람 중에는 "이걸 먹어 보세요. 좋을 거예요."라고 권해도 "그건 못 먹겠어요.", "저것도 못 먹겠어요."라며 거절하는 사람이 있습니다. '건강해지고 말 테야!' 하는 의지가 무엇보다 중요한데, '이것도 못 하겠다.', '저것도 안 된다.'고 거절한다면 그 사람은 건강해질 수 없습니다.

거듭 강조하지만, 행복해지려면 지금 당장 행복해야 합니다. 행복한 상태로 어떤 일을 하되 행복을 찾아 떠나서는 절대로 안 됩니다. 행복한 사람은 행복한 생각을 하기 때문에 행복을 끌어당깁니다. 이처럼 어떤 일을 한다고 행복해지는 것이 아니라, 행복한 사람이 어떤 일을 하기 때문에 행복한 것입니다.

"

비가 오는 날이든, 바람이 세차게 부
는 날이든, '좋은 날씨인지 아닌지'를 결
정하는 것은 자기 자신입니다. 즉, 비
오는 날에 '옷이 젖으니까 너무 싫어!'라
고 불평할 것인지, '때마침 단비가 내리
는구나!' 하고 좋아할 것인지를 결정하
는 것은 어디까지나 본인입니다.

# #
지금 당장
행복해집니다

중요한 포인트라서 계속 강조하고 있는 것처럼, 행복해지려면 뭔가를 하기 이전에 이미 행복한 상태여야 합니다. 예를 들어 한국에서 태어나서 행복하다든가, 오늘 아침에 눈을 뜰 수 있어서 행복하다는 식으로 말입니다.

일단 행복해야 합니다. 그리고 행복한 상태에서 움직여야 합니다. 절대로 행복해지기 위해 뭔가를 하려고 움직여서는 안 됩니다. 그런 행동을 하는 것 자체가 현재 자신은 행복하지 않고, 불행하다고 인정하는 셈이기 때문입니다.

저에게는 홋카이도에 가든, 오키나와에 가든, 일본 어디를 가든 반갑게 맞아주는 이들이 있습니다. 이들에게 저는 '나를 행복하게 해줬으면 좋겠다.'고 바라지 않습니다. 바라지 않아도 저는 항상 행복하고 기분이 좋아서 많은 이들이 '히토리 씨와 만나고 싶어요!'라고 합니다.

제 제자들은 "히토리 선생님의 제자가 된 지 20년이나 됐지만, 지금까지 단 한 번도 선생님의 눈치를 살펴본 적이 없어요."라고 말합니다. 이처럼 저는 누군가가 내 눈치를 살피지 않아도, 비위를 맞추지 않아도 스스로 내 기분을 조절할 수 있습니다. 요령은 매우 간단합니다. 즐거운 일만 생각하면 됩니다. 불행한 사람은 불행한 일만 생각하니까 더욱 불행해지는 것입니다.

행복은 점점 더 큰 행복을 소유하는 그런 개념이 아닙니다. 감성의 문제입니다. 감성이 풍부하지 못한 사람은 백만 송이의 장미를 봐야지만 "예쁘다."라고 말합니다. 하지만 감성이 풍부해지면 길가에 핀 흔한 민들레를 보고도 예쁘다고 느끼고, 행복한 기분에 젖어 들게 됩니다. 즉, 행복은 길가에 핀 민들레도, 백만 송이의 장미꽃도 똑같이 아름답다고 느끼는 감성과도 같습니다.

행복에는 정신적인 것과 물질적인 것이 있습니다. 두 가지의 행복을 모두 누릴 수 있다면 더할 나위 없겠지만, 물질적인 행복에 집착하다 보면 점차 욕구가 커집니다. 물질적으로 풍요로운 것도 행복이지만, 역시 정신적으로 풍요로운 것이 더 좋지 않을까요? 그러므로 행복에는 마음의 균형이 중요합니다. 물질적으로 풍요로워도 정신적으로 불행한 사람은 너무나도 많습니다.

# #
과거는
바꿀 수 있습니다

"과거는 바꿀 수 없지만 미래는 바꿀 수 있다."

대부분 사람은 이렇게 말합니다. 하지만 저는 "과거는 바꿀 수 있지만 미래는 바꿀 수 없다."라고 말합니다. 왜냐하면 오늘 불행한 사람은 내일도 불행하고 모레도, 내일모레도 불행하기 때문입니다. 즉, 매일 불행을 찾기 때문이지요. 따라서 행복해지려면 자신의 과거를 되돌아보고 'ㅇㅇ니까 불행했어.'를 'ㅇㅇ라서 다행이었어!'라고 바꿔야 합니다. 'ㅇㅇ가 있어서 오늘의 행복이 있어.'라고 말입니다.

앞에서도 언급했지만, 어렸을 적 어머니는 일하느라 무척 바빠서 자식을 제대로 돌보지 못하셨습니다. 누나는 '엄마가 돌봐주지 않는 나는 불행한 사람이야!'라고 불평했지만, 저는 부모의 간섭도 없고 잔소리도 없다며 좋아했습니다.

이렇게 같은 부모 밑에서 똑같은 일을 겪은 남매라도 각자 받아들이는 방식이 다릅니다. **이처럼 우리가 행복해지려면 과거에 있었던 모든 일을 'ㅇㅇ라서 다행이었어!'라고 바꿔야 합니다.** 그러면 오셀로 게임1)처럼 과거의 일이 모두 행복으로 바뀔 것입니다. 이것이 가능하면 오늘도 행복하고, 내일도, 모레도 행복하게 됩니다.

---

1) 오셀로 게임(Othello Game), 두 사람이 하는 반상(盤上) 게임의 하나. 64구획의 반에 흑백 표리(表裏)로 된 둥그란 말을 늘어놓고 상대편의 말을 자기의 말 사이에 끼이게 하여 자기 말의 색깔로 바꾸어 가면서 승패를 결정함

행복해지려면
자신의 과거를 되돌아보고
'○○니까 불행했어.'를
'○○라서 다행이었어!'라고
바꿔야 합니다.
'○○가 있어서
오늘의 행복이 있다.'라고 말입니다.

# #
고생은
잘못된 것입니다

인간이 행복해지는 것은 당연한 일이고, 고생하는 것은 잘 못된 일입니다. 사실 고생은 하면 안 되는 것입니다. 그리고 일은 상대방에게도 이득이고 자신에게도 이득이면 자연스럽 게 잘 풀립니다. 게다가 그 일이 신도 기뻐할 만한 일이라면 잘될 수밖에 없습니다. 회사원은 고용주에게 '같이 일하길 잘 했다.'고 인정받는 것이 성공의 첫걸음이 됩니다. 여기에 행복 한 사고방식까지 갖추면 더할 나위 없습니다.

간단히 말해서 인간의 신체는 영혼과 육체로 이루어져 있 습니다. 육체는 섭취한 음식에 의해 형성되므로 음식을 잘못 먹으면 병이 생깁니다. 영혼은 사고방식을 따라 성장해 나갑 니다. 따라서 사고방식이 올바르고, 음식이 올바르면 사람은

자연히 건강해집니다.

사람이 살면서 고쳐야 할 것 중의 대부분은 싫거나 짜증 나는 일들입니다. 물론 좋아하는 일만 해도 병은 생깁니다. 일단 병이 생기면 병원에 가야 하고 약도 먹어야 합니다. 또 심각한 경우에는 수술도 받아야 합니다. 물론 약을 먹고 수술받는 것이 싫겠지만, 거부하면 건강을 회복할 수 없습니다. 이처럼 설령 짜증나고 싫은 일이 있더라도 우리는 그것을 받아들이고 고쳐나가야 합니다.

예를 들어 당신이 낫토[2]를 싫어하는데 누군가 먹어보라고 권했다고 합시다. '폰즈[3]를 낫토에 뿌려 먹으면 몸에 상당히 좋아요.'라고 말입니다. 이때 자신은 낫토를 싫어한다며 먹지 않을 것인지, 아니면 조금이라도 참고 먹어볼 것인지에 따라 결과가 달라집니다. 만일 좋아하는 일만 했는데도 병에 걸렸다면 잠깐이나마 싫은 일을 참고 해보는 것은 어떨까요?

저는 어렸을 때부터 병을 달고 살아서 건강해진다면 뭐든지 할 수 있습니다. 단지 나뿐만 아니라 정말로 힘든 극한 상

---

2) 삶은 콩을 발효시켜 만든 일본 전통 음식으로, 한국의 청국장 비슷한 발효 식품이다. 냄새가 독특하고 실타래처럼 끈적끈적하게 늘어난다.

3) 카보스나 다이다이, 스다치 등을 이용하여 만든 향산성 혼합초이다.

황에 다다른 사람은 뭐든지 다 할 수 있습니다. 그런데 '이건 몸에 좋으니까 꼭 먹는 것이 좋아요.'라고 권했는데도 먹지 않는다면 그 사람은 정말로 힘든 상황이 아닙니다. 극한 상황이라면 아무리 싫어도 해보려고 노력하는 것이 인간입니다.

병마와의 싸움은 진이 빠질 정도로 힘들고 고통스럽습니다. 그 사실을 누구보다도 잘 알기에 '○○이 좋아요.'라고 아무리 권해도 그렇게 하려고 노력하지 않는 사람을 보면 저는 '그만큼 힘들지 않구나.'라는 생각이 듭니다.

이상은 높게,
노력도 높게

이렇듯 건강이 중요하지만 건강하기만 한 것이 아니라 이왕이면 젊어 보이고 싶고 여성들에게 인기가 많았으면 좋겠습니다. 그래서 건강법도 단순히 건강만을 위한 건강법은 싫습니다. 건강하면서도 젊어 보이고 두뇌도 명석한, 그런 매력적인 사람이 되고 싶습니다. 욕심이겠지만요(하하). 그래도 매일 노력합니다. 대단하지는 않지만 항상 기쁜 마음으로 생활하고, 긴자마루칸4)의 건강 보조 제품을 마시고, 시크릿 크림을 바릅니다. 별것 아니지만 이런 노력이 얼마나 즐거운지 모릅니다.

---

4) 화장품 및 건강 보조 식품을 판매하는 회사로 사이토 히토리가 창업주이다.

이상이 높아서 그만큼 노력도 많이 합니다. 이상에 다가가려는 노력이 즐겁기 때문에 고생이라고 여기지 않습니다. 이와 마찬가지로 이왕 사업을 한다면 이상을 높게 잡아서 돈을 많이 버는 것이 좋지 않을까요? 낚시도 물고기가 많이 잡혀야 재미있는 것처럼, 또한 남을 기쁘게 하면서 돈도 벌 수 있다면 그만큼 행복한 일은 없을 것입니다. 직장인도 열심히 일해서 회사에 인정받고 월급이 오르면 기쁘지 않은가요?

간혹 정신론자 중에 '욕망을 버려라.', '폭포의 세찬 물줄기를 맞는 것처럼 고행을 견뎌라.'라고 말하는 사람이 있는데, 저는 그들에게 "그건 좀 이상한 일이 아닌가요?"라고 묻고 싶습니다. 벽을 보고 경문을 외는 것은 기인이나 하는 행동입니다. 밖에 나가면 예쁜 꽃이 피어 있고 하늘은 맑고 새도 지저귀는데, 왜 방구석에서 경문을 외는 데 시간을 낭비할까요? 아무리 생각해도 이상한 일이 아닐 수 없습니다.

신은 우리에게 힘든 수행을 시키지 않을뿐더러, 신조차도 그런 고행은 하지 않습니다. 신은 건전한 욕망마저 버리라고 하지 않습니다. 원래 열심히 일해서 고객에게 인정받게 되면 기분도 좋아지고 돈도 벌게 됩니다. 그리고 남성이라면 누구나 여성에게 인기가 많았으면 하고 바라기 마련입니다. 이렇게 돈을 버는 것도, 인기가 많았으면 하고 바라는 것도 모두

욕망이니 나쁘다고 말하는 사람이 있는데, "그럼 당신은 무슨 재미로 이 세상을 사세요?"라고 묻고 싶습니다. 즐거운 일을 즐기지 못하고 무조건 힘든 일을 견디는 것이 과연 올바른 삶일까요? 신은 절대로 그렇게 가르치지 않습니다.

장사라면 손님들에게 인정받고 돈을 벌면 되고, 여성은 예뻐지려고 노력하면 됩니다. 이는 좋은 일입니다. 이왕이면 다홍치마라고 예뻐야 좋지 않은가요? 이런 것들과 반대되는 개념을 주장하면서 그것이 정신론이라고 믿는 사람이 있는데, 분명히 말하지만 이는 이상한 행동입니다.

과연 이런 정신론자 중에 유흥업소에 가서 "마음이 예쁜 아가씨로 부탁해요."라고 말하는 사람이 있을까요? (하하) 오히려 본인 취향에 맞는 아가씨나 얼굴이 예쁜 아가씨를 옆에 앉히려고 정신이 없을 것입니다. 이렇게 정신론자는 말과 행동이 다릅니다. 그러나 저는 사실만을 이야기하고 진심으로 행복해지자고 말합니다.

자기 자신과 남에게 도움이 되는 사람은 반드시 성공합니다. 이 명제에 거짓은 필요 없습니다. 행복해지는 데에 폭포수를 맞거나 벽에 대고 경문을 외울 필요가 있을까요? 폭포수를 맞고 뭔가를 깨우쳤다면, 폭포수 밑에서 헤엄치는 물고기는 득도해도 벌써 했을 것입니다. 세상에는 보통과 보통 이하,

보통 이상이 존재합니다. 만일 보통 사람 보다 더 행복해지고
싶다면 보통 사람 보다 더 많은 노력을 해야 합니다.

"

자기 자신과 남에게
도움을 주는 사람은
반드시 성공합니다.
이 명제에 거짓은
필요 없습니다.
행복해지는 데에 폭포수를
맞거나 벽에 대고 경문을
외울 필요가 있을까요?

# #
노력해도
안 되는 일이
있습니다

그렇지만 인간에게는 노력해도 안 되는 일도 있습니다. 저도 노력하는 것을 꽤 좋아하지만, 아무리 노력해도 할 수 없는 일이 많습니다. 이럴 때, '이걸 할 수 있다면 참 대단한 사람일 거야.'라고 여깁니다. 그러고 나면 부족한 자신을 되돌아보게 되고 자연스럽게 다른 사람에게 친절을 베풀게 됩니다.

제 제자 중에는 연간 매출 10억 엔(100억 원) 이상을 올리는 사업체의 사장이 된 사람이 있습니다. 지금은 유능한 사업가지만 사업을 시작할 때만 해도 왕초보였습니다. 그래서 일하는 방법을 가르쳐 주고, 제가 할 수 있는 일은 직접 해주기도 했습니다.

저는 신이 인간에게 잘하는 특기도 주셨지만, 서투르고 부족한 부분도 함께 주셨다고 여깁니다. 그럼에도 곤란해질 만한 일은 일어나지 않게 해준다고 믿고 있습니다. 그 증거로 저는 이제까지 단 한 번도 외톨이가 된 적이 없습니다. 또한 제가 할 수 없는 일이 생기면 반드시 그것을 잘하는 사람이 나타나서 도와줬습니다.

자신에게 불리하거나 곤란한 일은 절대로 일어나지 않습니다. 예를 들어 불가능한 일이 생겨도 신은 그 사람을 곤란하게 하지 않습니다. 그 사람을 도울 수 있는 누군가를 보내줍니다. 자신이 할 수 없는 일을 다른 사람이 도와주면 고마운 마음이 들지 않나요? 신이 우리에게 주는 배움의 기회에는 이런 것도 포함되어 있습니다.

이렇게 생각하면 뭐든지 잘하는 사람은 얼마나 냉정하고 차가울까요? 만일 제가 뭐든지 잘하는 완벽한 인간이었다면 인정사정없는 냉혈한이 됐을지도 모르겠습니다(하하).

무심코 우리는 '더 노력해라!', '더 열심히 해라!'라고 말하는데, 인간에게는 아무리 노력해도 아무리 애를 써도 불가능한 일이 있고 서투르고 부족한 부분도 있습니다. 저도 마찬가지입니다. 이 또한 신이 준 것으로, 인간은 서툴고 부족한 점이 있으면 자신의 미숙함을 알고 남을 배려하게 됩니다. 뭐든지 완벽하게 할 수 있고 남을 배려하지 않는 것보다는 완벽하지 않더라도 남을 배려할 줄 아는 인간이 훨씬 낫지 않을까요?

열등감을
극복하면
보석이 됩니다

누구나 자신이 할 수 없는 일이 있으면 이에 따라 열등감을 느낍니다. 열등감은 누구에게나 존재하는데, 그것을 열등감이라고 생각하느냐 아니냐에 따라 상황은 달라집니다. 열등감은 극복하면 값진 보석이 됩니다.

예를 들어 청중 앞에서 이야기하는 것이 어려웠던 사람이 있다고 가정해 보겠습니다. 이런 사람이 열심히 노력하고 연습해서 멋지게 이야기할 수 있게 된다면, 처음부터 능숙하게 이야기할 수 있었던 사람보다 더욱 감동적으로 다가올 것입니다. 이렇듯 사람은 극복하면서 인생을 살아가며, 그럴 때마다 인간적인 매력이 생깁니다.

저에게도 할 수 없는 일이 매우 많지만 그런 것들에 열등감을 갖지 않습니다. 할 수 없는 것도 개성이라고 여기니까요. **인간의 매력은 자신을 변화시켜 온 사람일수록 더욱 커집니다. 다양한 일에 도전하거나 자신을 바꾸려는 노력이 매력으로 이어지기 때문입니다.** 마라톤 혹은 스포츠에서도 외면을 향상시키는 도전은 의외로 쉽지만, 자기 내면을 향상하는 도전은 어렵습니다. 자신의 내면을 갈고닦는 것은 다른 사람들에게 보이지 않기 때문입니다.

66

인간의 매력은
자신을 변화시켜 온 사람일수록
더욱 커집니다.
다양한 일에 도전하거나
자신을 바꾸려는 노력이
매력으로 이어지기 때문입니다.

'생각'을 바꾸기 위해
중요한 것

그래서 내면을 바꾸려면 우선 '생각'부터 바꿔야 합니다. 제가 '생각이 중요하다.'고 말하는 이유는 생각하지 않았던 것을 행동으로 옮길 수는 없기 때문입니다. 또한 생각만 하고 행동으로 옮기지 않는다면 그것은 생각하지 않은 것이나 다름없지요.

주변을 둘러보면 종종 "감사합니다." 혹은 "고맙습니다."라고 말하지 못하는 사람들이 있습니다. 이들은 "그런 생각이 들지 않는데 어떻게 말합니까?"라고 이야기합니다. 그래 놓고 마음에 들지 않으면 금세 "마음에 들지 않아요."라고 말합니다. 남에게 고맙다는 인사는 잘 못하더라도 적어도 자신을 낳아준 부모님에게는 감사한 마음이 든다면 반드시 "감사합니다."라고 말해야 합니다.

저는 사람들에게 '고맙다는 생각이 안 들어도 일단 말이라
도 해보세요.'라고 합니다. 물론 고맙다는 생각이 들었을 때
말로 표현하는 것이 당연히 좋습니다. 그런데 '고맙다'는 생각
이 들지 않더라도 말로 표현해 보라는 것은, 그렇게 말하는 순
간만은 그런 마음이 들기 때문입니다.

**두말할 필요도 없이 마음속에서 우러나오는 것이 가장 좋
겠지만, 그렇게 하라고 하면 좀처럼 입을 떼지 못하는 사람이
있습니다. 그래서 일단 말로 표현해보라는 것입니다. 먼저 말
로 표현하면 반드시 그 사람의 주변에 일어나는 일들이 달라
지고 자연히 '생각'도 바뀌게 될 것입니다.**

그리고 또 한 가지, 생각을 바꾸기 위해서는 겉모습도 바꿔
야 합니다. 도쿄에서는 유부가 들어간 국수를 '기쓰네 국수'라
고 하고, 튀김 부스러기가 들어간 우동을 '다누키 우동'이라고
부릅니다. 그런데 오사카에서는 유부가 들어간 국수를 '다누
키 국수'라고 하고, 튀김 부스러기가 들어간 우동은 '스우동'이
라고 부릅니다. 이처럼 같은 일본인이라도 자신이 생각한 것
과 상대방이 생각하는 것이 반드시 일치하는 것은 아닙니다.

"이제 저는 옛날의 제가 아닙니다. 변했습니다."라고 아무
리 말해도 겉모습이 바뀌지 않으면 사람들은 알아채지 못합

니다. 그래서 인간은 상대방에게 어떻게 보이는지도 중요합
니다.

66

남에게 고맙다는 인사는
잘 못하더라도 적어도
자신을 낳아준 부모님에게는
감사한 마음이 든다면
반드시 "감사합니다."라고
말해야 합니다.

불가능은
아집 때문입니다

세상의 이치란 사실 매우 단순합니다. 모든 사람이 이런 사실을 잘 알고 있습니다. 예를 들어 "그게 뭐예요?"라고 질문받았을 때, 퉁명스러운 표정보다는 밝은 표정으로 대답하는 것이 당연히 좋습니다. 또한 '겁난다, 운이 없다, 불평, 불만, 투정, 푸념, 험담, 트집, 걱정거리, 용서할 수 없다' 등의 '지옥의 언어'를 사용하는 것보다 '사랑해요, 운이 좋다. 기쁘다, 즐겁다, 감사하다, 행복, 고마움, 용서한다'와 같은 '천국의 언어'를 사용하는 것이 당연히 좋습니다.

그런데 왜 사람들은 긍정의 언어를 사용하지 못하는 것일까요? 그 이유는 '아집' 때문입니다. 그러므로 우리는 아집을 버려야 합니다. **아집과 개성은 엄연히 다릅니다. 간혹 아집을**

개성이라고 여기는 사람이 있는데 이는 착각입니다. 개성은 신이 준 것으로 좋은 방향으로 살리면 긍정적인 결과를 내지만, 아집은 고집해봤자 나쁜 결과를 가져올 뿐입니다. 그렇다면 개성과 아집은 무엇이 다를까요? 아집은 자신의 인생을 망치는 것으로 고집하면 할수록 남에게 미움을 사게 됩니다.

인간은 얼마든지 행복해질 수 있습니다. 그런데 무슨 연유에서인지 행복해지지 못하는 이들이 많습니다. 예를 들어 "천국의 언어를 쓰면 좋습니다."라고 하면 "그렇게 해서 행복해진다면 아무도 고생하지 않겠네요."라고 반박하는 사람이 있는데, 지옥의 언어를 사용하는 것보다 천국의 언어를 사용하는 것이 당연히 좋지 않을까요? 또한 남의 잘못이나 실수만 찾아내서 "그래서 행복해지겠어요?"라고 따지는 사람이 있는데, 이런 사람은 절대로 행복해질 수 없습니다.

인간이라면 누구나 결점이 있습니다. 실수도 하고 나쁜 일도 저지릅니다. 이 세상은 불공평한 것 같지만 사실은 매우 공평합니다. 저만 봐도 그렇습니다. 어렸을 때부터 잔병치레가 잦았지만, 크게 다치지는 않았습니다. 반면 여기저기 잘 다치는 사람은 별로 잔병치레하지 않습니다.

비록 아파서 계속 집에 누워있었지만 저는 하나도 슬프지 않았습니다. 생각하는 것을 좋아했기 때문에 따분하지 않았거든요. 만일 몸이 약해서 불행하다고 여기는 사람이 있다면 이는 잘못된 생각입니다. 우리 주변에는 건강해도 불행한 사람이 많습니다.

이렇듯 행복은 행복하다고 생각하는 마음에 달려 있습니다. 그래서 저는 어떤 일이 생겨도 행복하다고 여깁니다. 인간은 어둡고 부정적인 것을 생각하면 밝고 긍정적으로 살아갈 수 없습니다. 기쁘고 즐겁게 살고 싶다면 긍정적인 것을 생각하세요.

생각하는 방식과
보이는 방식이
중요합니다

계속 강조하지만 행복해지려면 '지금 당장' 행복해야 합니다. 그래서 '행복하다'고 여기는 것은 매우 중요합니다. 그런데 아무리 행복하다고 생각하려 해도 그렇지 않은 이들이 있습니다. 이들의 대부분은 옆에서 지켜봤을 때 전혀 행복해 보이지 않습니다. 정말 행복하려면 주변 사람들이 보기에도 행복해 보여야 합니다.

예를 들어 만주가 있다고 합시다. 그러면 맛있기만 하면 안됩니다. 눈으로 봤을 때도 군침이 돌게 맛있어 보여야 합니다. 또 회사에 출근해서 "열심히 일하고 있어요.", "즐겁게 일하고 있어요."라고 말해도 실제로 그렇게 보이지 않으면 아무런 소용이 없습니다.

저세상은 이념의 세계라 여기는 것만으로도 괜찮습니다. '단팥빵을 먹고 싶다.'고 생각하면 단팥빵이 나오는 곳이니까요. 하지만 이 세상은 물질적인 곳입니다. 단팥빵을 먹고 싶으면 단팥빵을 직접 만들던가, 아니면 사러 가야 합니다.

따라서 행복해지고 싶다면 행복하다고 생각하고 또한 행복하게 보여야 합니다. 그렇게 하면 주변에 행복한 사람들이 몰려듭니다. 주변 사람들은 불행한데 자기 혼자만 행복할 수는 없습니다. 행복의 원리가 그렇습니다. 그래서 저의 행복론은 제 주변으로 다가온 사람들을 '모두 행복하게 만들자.'입니다. 즉, 본인이 이득을 얻고 싶다면 우선 상대방이 이득을 얻을 수 있도록 돕는 것과 같은 이치입니다.

자기 일은 자신이 생각하는 대로 움직입니다. 만약 그렇게 되지 않는다면 사고방식이 틀렸기 때문입니다. 아무리 성실하더라도 시시하고 따분한 생각만 하고 있어서는 행복해질수 없습니다. 시시하고 따분한 생각은 악(惡)입니다. 이런 생각은 타인에게 불쾌감을 주거나, 즐겨야 할 시간을 빼앗아 가기 때문입니다. '옳으면 됐지.', '성실하니깐 된 거야.'는 잘못된 생각입니다.

# #
내면을 향하는가요?
외면을 향하는가요?

흔히 사람의 마음을 '상향심'과 '하향심'으로 표현합니다. 이를 정확하게 표현하면 '외면으로 향할 때'와 '내면으로 향할 때'로 나눌 수 있습니다. 즉, 공기와 마찬가지로 들이쉴 때와 내쉴 때가 있는 것입니다. 그래서 때로는 내면을 향하기도 하는데, 딱히 이를 제어할 필요는 없습니다.

이럴 때는 그대로 가만히 있으면 됩니다. 그러면 마음이 자연스럽게 외면을 향하게 되겠지요. 숨을 쉴 때 들이쉬기만 하면 호흡이 이루어지지 않는 것처럼, 사람의 마음도 외면으로만 향하거나, 내면으로만 향하지는 않습니다.

마음이 움직이는 것은 지극히 자연스러운 일입니다. 단, '왜 아래로 향하는 거지?', '왜 부정적인 것만 떠오르는 거지?'라고

고민해서는 안 됩니다. 고민하면 오히려 시간만 지체될 뿐, 좋은 방향으로 움직이지 않습니다.

마음은 항상 뭔가를 생각하지만 그것도 대개 부정적인 것들입니다. 특히 노후에 대한 걱정이나 이런저런 일을 떠올리는데, 이를 내버려두면 자연스럽게 내면에서 외면으로 향하는 때가 와서 스스로 균형을 찾습니다.

# #
곤란한 일이
생기지 않는 이유

사람은 몇 번이나 다시 태어납니다. 이는 영혼의 성장을 위해서 태어나는 것입니다. 저는 사람들에게 "곤란한 일은 일어나지 않아요."라고 말합니다. 여기에서 곤란한 일이란 신이 "그것은 틀렸다."라고 말해주는 것과 다름없습니다. 예를 들어 어떤 사람의 사고방식이나 대처법이 틀렸을 때 신은 '그것은 틀렸다.'라며 깨달음을 줍니다.

따라서 인간관계에 어려움을 느끼는 사람이 있다면, 그 사람은 인간관계에서 뭔가 틀린 것입니다. 보통은 남을 배려하면 자신에게 기쁨이 돌아옵니다. 하지만 세상에는 다양한 사람이 존재하기 때문에 배려에 보답하는 착한 사람이 있는가 하면, 괴롭히거나 속이려는 나쁜 이도 있습니다.

이렇듯 차이가 생기는 이유는 각자의 수행 목적이 다르기 때문입니다. 즉, 배워야 할 것이 서로 다른 것입니다. **그러니 일이 뜻대로 풀리지 않거나, 타인과의 관계가 원만하지 못할 때는 '슬슬 방법을 바꿔보는 것이 좋겠어.'라는 신의 지시(指示)라고 여깁시다.** 이때 수행의 관건은 '자신을 바꾸는 것'인데, 간혹 자신이 아닌 남을 바꾸려 하는 사람이 있습니다. 하지만 이는 불가능한 일입니다. 먼저 자신이 바뀌어야 비로소 상대방도 바뀝니다.

우리는 수행을 위해서 이 세상에 태어났습니다. 그래서 해결해야 할 문제가 없는 날은 없습니다. 인생은 눈앞의 문제를 두고 '이건 너무 힘들고 어려워.'라고 여기든지, '이는 신이 준 문제야.'라고 여기고 열심히 해결하든지 둘 중의 하나입니다. 대신 문제를 해결하면 자신의 등급은 한 단계 위로 올라갑니다.

문제를 해결하지 않은 채 그대로 놔두면 한동안 그 문제는 눈앞에서 사라집니다. 하지만 또다시 똑같은 문제가 나타납니다. 해결될 때까지 몇 번이고 다시 나타나지요. 세상은 그렇게 만들어져 있습니다.

66

수행의 관건은
'자신을 바꾸는 것'인데,
간혹 자신이 아닌
남을 바꾸려 하는 사람이 있습니다.
하지만 이는 불가능한 일입니다.
먼저 자신이 바뀌어야
비로소 상대방도 바뀝니다.

슬슬 아집을
버려야 할 때입니다

천국의 언어를 쓰는 것이 당연히 좋은데도 그렇게 하지 못하는 이유는 무엇일까요? 바로 '아집' 때문입니다. 물론 살다 보면 아집이 필요한 때도 있습니다. 예를 들어 성장 과정에서 강자에게 휘둘리지 않고 자기 나름대로 열심히 노력하려면 아집이 필요합니다. 그러나 영혼을 더더욱 성장시켜야 할 때는 오히려 방해가 되기도 합니다.

송충이와 같은 모충은 빨리 움직이지 못합니다. 그래서 바늘처럼 뾰족한 털로 자기 자신을 보호합니다. 하지만 성충이 되면 날개가 돋고 하늘을 날 수 있게 됩니다. 이때는 자신을 지켰던 뾰족한 털과 같은 '아집'은 필요 없어집니다. 그럼에도 계속 지니고 있으면 방해가 되고 오히려 고통스럽습니다.

이와 마찬가지로 사람에게도 때로는 웃는 얼굴보다는 시무룩하거나 험악한 표정을 짓는 것이 이득일 때가 있습니다. 어린아이가 시무룩한 표정을 짓고 있으면 부모가 달려와 "왜 그러니? 무슨 일 있는 거야?"라며 아이의 기분을 살펴줍니다. 그런데 이것이 버릇처럼 굳어버리면 무뚝뚝한 표정을 지으면 누군가가 자신의 기분을 맞춰준다고 착각하게 됩니다.

또한 후배에게 무시당하지 않으려고 무서운 표정을 짓던 사람은 이것이 버릇으로 굳어져 다른 사람에게 지지 않으려면 무서운 표정을 지어야 한다고 착각하기도 합니다.

하지만 살다 보면 이런 아집이 방해될 때가 반드시 찾아옵니다. 혹은 예전의 성공 사례가 독이 되거나, 아집을 버리지 못하게 만들기도 합니다. 그래서 일이 잘 풀리지 않을 때는 '방법을 바꿔보라.'는 것입니다. 그것이야말로 신이 주는 신호라 여기고 바꿔보세요.

66

살다 보면 아집이 필요한 때도 있습니다. 예를 들어 성장 과정에서 강자에게 휘둘리지 않고 자기 나름대로 열심히 노력하려면 아집이 필요합니다. 그러나 영혼을 더더욱 성장시켜야 할 때는 오히려 방해되기도 하지요.

걱정하기보다
믿는 것이 중요합니다

걱정이 심한 사람은 '아이에 대해 걱정하는 것을 부모의 의무'라고 생각합니다. 하지만 중요한 것은 '믿는 것'입니다. 그것도 아이의 영혼을 믿어야 합니다. 신과 약속한 여러 고난을 극복할 수 있을 거라고 말입니다.

걱정이 심한 사람의 문제점은 '영혼을 믿지 않는다.'는 것입니다. 이런 사람은 결국 자신도 믿지 못하고, 신도 믿지 못하게 됩니다. 그래서 걱정하기보다는 믿는 것이 중요합니다. 자신을 믿고 앞으로 나아가세요. 왜냐하면 인생은 뒤를 바라보고 있으면 위험하니까요.

물론 뒤를 바라보고 있어도 인생은 언제나 오늘에서 내일을 향해 앞으로 나아갑니다. 하지만 뒤를 보면서 앞으로 걷다 보면 자칫 크게 다칠 수 있습니다. 그래서 뒤돌아보지 않는 편이 좋습니다. 반면 앞을 보고 걸으면 눈앞에 어떤 일이 일어나도 피할 수 있습니다. 피하지 못하고 부딪히는 사람은 뒤를 보고 있기 때문입니다.

가끔은 뒤를 돌아보는 것도 괜찮습니다. '여기까지 왔구나.', '이런 일이 있었구나.' 하고 즐거운 마음으로 과거를 회상하는 정도는 좋습니다. 하지만 계속해서 뒤만 보고 있어서는 안 됩니다.

인생은 멈추지 않습니다. 미래를 향해서 1초, 1초 앞으로 나아갑니다. 가는 세월을 누가 막을 수 있겠습니까? 시간은 붙잡아 둘 수 없습니다. 그래서 우리는 추억을 많이 만들면서 앞으로 나아가야 합니다. 그러므로 가장 좋은 것은 추억을 되돌아볼 겨를도 없이 지금을 즐기며 사는 것입니다.

제가 이렇게 말하면 "그럼 추억은 무엇을 위한 겁니까?"라고 묻는 사람이 있는데, 당연히 지금을 즐기기 위해서입니다. 계속해서 추억을 만들고 뒤를 돌아볼 겨를도 없이 앞으로 나아갑니다. 그러고 나서 한참 나이를 먹은 후에 '이런 일도 있었지.'라며 회상하면 됩니다. 뒤를 돌아볼 겨를도 없이 앞을 향해서 사는 인생이 뒤를 돌아볼 일이 많은 것보다 훨씬 더 즐겁고 재미있는 삶입니다.

# #
경쟁하면서
사랑과 빛을 발합니다

 이 세상은 온통 '경쟁'입니다. 흔히 '경쟁 없는 사회가 좋다.'
라고 하는데 그렇지 않습니다. 이것도 세상의 이치 중 하나입
니다. 학교에 가면 친구들과 경쟁하고, 회사에 가면 동료들과
경쟁을 벌입니다. 나아가 동종 업계의 기업끼리, 국가와 국가
도 경쟁을 벌이지요.

 사실 경쟁도 인생의 수행입니다. 어떤 수행인가 하면, 싸워
서 이기거나 혹은 지더라도 남을 원망하지 않고 엇나가지 말
자는 수행입니다. 또한 그런 와중에도 남을 도울 수 있는 사람
이 되자는 수행이기도 합니다.

 **경쟁에서 이기는 것은 물론 가치 있는 일입니다. 하지만 신
이 묻는 것은 이기는 방법입니다. 똑같이 이겨도 '그 과정에**

사랑과 빛이 있었는가?가 중요합니다. 여기서 사랑이란 '자상함'과 '배려심'입니다. 자기 일을 다 끝내고 아직 덜 끝난 사람이 있다면 그 사람을 도와주세요. 혹시 자신만의 성공 비법이 있다면 가르쳐주세요.

빛이란 '밝음'입니다. 경쟁이라고 험악한 표정으로 상대방에게 달려들어서는 안 됩니다. 웃는 얼굴로 대하고 인사를 건네세요. 그리고 항상 자신의 주변이 밝아지도록 노력하세요. 그러면 반드시 경쟁에서 이길 수 있고 이는 영혼의 수행으로 이어집니다.

'경쟁 없는 사회'를 이상처럼 말하는 사람이 있는데, 결코 그렇지 않습니다. 신도 그런 사회를 바라지 않습니다. 신은 경쟁이라는 힘든 상황 속에서도 당신이 남을 얼마나 배려할 수 있는지, 긍정적으로 행동할 수 있는지를 시험합니다.

남에게 불씨를 나눠줘도 자신의 불씨는 꺼지지 않습니다. 웃는 얼굴로 남을 대한다고 웃음이 줄어들까요? 그렇지 않아요. 이렇듯 남을 미소로 대하고 친절하게 해도 자기 내면의 뭔가가 줄어들지는 않습니다. 하지만 마음이 척박한 사람은 줄어들지도 않는데 뭐든지 아까워하지요.

주변을 둘러보면 남을 칭찬하거나 소소한 일로 기쁨을 줄 수 있는 일이 너무나도 많습니다. 이런 조그마한 노력조차 아까워하는 사람은 결코 풍요로워질 수 없습니다. 왜냐하면 줄지도 않는 것을 아까워하는 발상 자체가 이미 마음이 척박하다는 증거니까 말입니다.

이와 반대로 실제로 줄어드는 것을 소홀히 여겨서는 안 됩니다. 예를 들어 집에 돈이 있다고 낭비해서는 안 됩니다. 여기에서 낭비는 예를 들어 10,000명의 병사가 있으니 "100명 정도는 죽어도 아무 문제없다. 돌격해라!"라고 말하는 것과 같습니다. 100명의 병사를 헛되이 죽게 할 셈인가요?

남을 돕는다면서 돈을 빌려줄 때는 각별히 주의해야 합니다. 자신이 빌려주고 곤란해지는 금액은 아닌지를 꼼꼼히 따져봅니다. 남을 도왔지만 그것이 오히려 자신에게 큰 위협이 된다면 본말전도가 아닌가요? 그리고 돈 이외에 도울 수 있는 방법을 찬찬히 생각해 보세요. 예를 들어 굶주린 사람에게 생선을 주는 것보다 낚시하는 방법을 알려주는 것이 그 사람을 위하는 길입니다. 그런 지혜는 남에게 나눠준다고 줄어들지 않습니다.

우리는 신에게 선금처럼 많은 사랑과 빛(긍정적인 능력)을 받았고, 이는 남에게 나눠준들 줄어들지 않습니다. 그러므로 우리는 신이 준 사랑과 빛으로 주변 사람들을 기쁘게 하고 배려해야 합니다.

"

주변을 둘러보면 남을 칭찬하거나 소
소한 일로 기쁨을 줄 수 있는 일은 너
무나도 많습니다. 이런 조그마한 노력
조차 아까워하는 사람은 결코 풍요
로워질 수 없습니다. 왜냐하면 줄지도
않는 것을 아까워하는 발상 자체가
이미 마음이 척박하다는 증거니까 말
입니다.

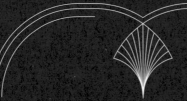

3

인간관계의
원리

# #
결혼은
수행입니다

혼자서는 행복해질 수 없는 존재가 사람입니다. 그래서 행복해지는 것도, 영혼이 성장하는 것도 가까운 사람들과의 관계 속에서 가능합니다. 그 속에 가장 큰 배움이 있습니다. 이런 인간관계의 원리를 알면 인생이 편해집니다.

예를 들어 **결혼은 수행과도 같습니다. "결혼이 왜 수행인가요?"라고 묻는 사람이 있는데, 신이 그렇게 만든 것을 어쩌겠어요? (하하) 그렇다면 어떤 수행일까요? 간단히 말해서 '남과 자신은 다르다.'는 것을 알아가는 수행입니다.**

예를 들어 '옳다'의 기준은 사람마다 제각각입니다. 어렸을 적에 저는 어머니가 "물 좀 갖고 와라."라고 시키면 아무 대답 없이 그냥 물만 갖고 갔습니다. 그러면 어머니는 "대답해야지!"라고 화를 내셨습니다.

하지만 지금은 내가 아내에게 "물 좀 갖다 줘."라고 부탁했는데 아내가 아무 대답이 없으면 다시 한번 "여보! 물 좀 갖다 달라니까."라고 말합니다. 그러면 아내는 "다 들려요!"라며 화를 냅니다(하하). 이런 상황은 어느 쪽이 옳다, 옳지 않다의 문제가 아닙니다. 자란 환경이 다를 뿐입니다.

또한 부모님이 장사하던 분들이라 어려서부터 시간에 엄격하셨습니다. '약속 시간 10분 전에는 도착해야 한다.'라고 배웠습니다. 그래서 약속 시간에 절대로 늦지 않습니다. 부득이한 상황에는 상대방에게 전화를 걸어 "죄송합니다. 지금 길이 막혀서 10분 정도 후에 도착할 것 같습니다."라고 반드시 연락을 취합니다. 그렇게 하지 않으면 자신에 대한 신뢰와 신용이 떨어진다고 배웠기 때문입니다.

그런데 제자 중에는 오후 2시에 회의가 잡혀 있는데도 그 시간이 돼서야 화장하거나, 약속 시간에 늘 5분, 10분 지각하는 사람이 있습니다. 이렇게 지각을 밥 먹듯이 하는 제자에 대한 신용도가 과연 떨어졌을까요? 그렇지 않습니다. 오히려 사람들에게 인기가 있습니다.

이렇게 자기는 '옳다'고 배운 것 중에 실제로 '옳지 않은 것'도 있습니다. '옳다'의 기준이 사람에 따라 다르고, 남과 자신은 다르기 때문입니다.

그렇다고 해서 약속 시간 10분 전에 도착하는 것을 그만둘 생각은 없습니다. 예전에 늦게 오는 사람을 보면 '왜 그럴까?' 하고 궁금했던 적이 있습니다. 그런데 그 사람을 자세히 살펴 보니 실제로는 그렇게 움직여도 별로 곤란하지 않다는 것을 알게 됐습니다. 간혹 사람 중에는 정해진 시간이 임박해야 움 직이는 사람이 있는데, 이는 그 사람 나름의 페이스입니다.

주변의 부부들도, 제자들도, 다른 사람들도 제가 약속 시간 10분 전에 도착하지 않는다고 곤란해 하지 않습니다. 다시 말 해 내가 약속 시간보다 얼마나 일찍 도착하든 그것은 나만의 페이스일 뿐, 절대로 남에게 강요해서는 안 됩니다.

"그럼 기다리는 사람은 어떻게 합니까?"라고 하는데, 그저 즐거운 마음으로 기다리면 됩니다. 그것도 수행이니까요. '내 가 옳으니까 너도 해라.'가 아닙니다. 법에 저촉되는 일은 하 면 안 되지만 그렇지 않은 일은 그 사람의 자유입니다.

# #
각양각색을
통한 배움

제 제자들은 그야말로 '각양각색'입니다. 다시 말해 천천히 움직이는 사람이 있는가 하면 바삐 움직이는 이도 있습니다. 이처럼 각자 페이스가 다릅니다. "그럼 히토리 씨는 어떻게 하세요?"라고 묻는데, 저는 이를 그냥 조금 참으면 된다고 여깁니다. 제자에게 제가 맞추는 것이지요.

저는 그렇게 제자들에게 맞추면서 배움을 얻습니다. 저도 배움을 얻으니 분명 그들도 저에게 배움을 얻을 것입니다. '가르침이란 가르치는 것이 아니라, 서로 배우는 것'입니다. 그래서 가르치는 사람을 대단하게 여길 필요는 없습니다.

저는 사람들에게 "저한테는 10명의 제자가 있습니다."라고 말합니다. 10명의 제자에는 저도 포함됩니다. 저 또한 모두를 통해 배우고 있으니까요. 무엇을 배우는가 하면 '자신이 옳다고 생각한 것이 틀릴 수도 있다'는 점입니다.

물론 법처럼 반드시 지켜야 하는 것들도 있지만 그렇지 않은 일상적인 것들도 있습니다. 예를 들어 연하장은 반드시 써야 하는 것은 아닙니다. 그래서 '저는 보냈는데 저 사람은 왜 답장을 안 보내지?'라고 따지면 안 됩니다.

연하장을 보낸 사람은 보내고 싶으니까 보낸 것입니다. 상대방에게 연하장을 보내라고 강요해서는 안 됩니다. '예의'라는 것은 남에게 강요하는 순간 '참견'이 됩니다. 자신이 옳다고 여기는 것은 자신이 하면 그만입니다. 남에게 강요할 필요도, 그만둘 필요도 없습니다. 제가 약속 시간 10분 전에 도착하는 것도 마찬가지입니다. 그렇게 하지 않는 사람들에게 화를 낼 필요는 전혀 없습니다.

이렇듯 정신론이란 자기론(自己論)이라 자신이 끝까지 밀고 나가면 됩니다. 그래서 저는 항상 기분 좋게 밝은 표정을 짓습니다. 혹 기분이 나쁜 사람이 있다면 그 사람은 개인적인 사정으로 기분이 나쁜 것이니 신경 쓰지 않습니다. 그런 사람을 두고 '왜 저 녀석은 기분이 나쁜 거야?'라며 신경쓴다면 자기 기분까지 망칠 수 있기 때문이지요.

# #
행복은
공명(共鳴)합니다

"내가 당신을 행복하게 해줄게."라고 남편이 아내에게 말하고, 아내도 남편에게 "나도 당신을 행복하게 해줄게요."라고 말하면 비로소 그 부부 사이에는 '행복의 공명'이 생깁니다. 그런데 아내가 "저는 당신이 나를 행복하게 해줬으면 좋겠어요."라고 말한다면요? 얼핏 보기에는 행복한 부부 같아도 실은 그렇지 않습니다. 인간은 함께 공명하는 존재로, 동일한 파동을 지닌 사이가 아니면 잘 맞지 않습니다.

박수도 두 손이 마주쳐야 비로소 소리가 나지 않나요? 북도 북면과 북채가 없으면 아무 소용이 없습니다. 어느 한쪽만 있어서는 어떤 소리도 나지 않습니다. 박수치는 것도 두 손이 있어야 가능합니다. 서로가 함께 어울리고 공명해야 비로소 좋은 일이 생깁니다.

그러므로 좋은 이야기를 들었다면 잘 들었다고 인사만 할 것이 아니라, 반드시 뭔가 마음의 표시를 하세요. 이 세상에는 균형의 법칙이 존재하기 때문에 어느 한쪽만 이득을 보는 일은 없습니다.

또한 일에서 회사가 당신을 행복하게 해줬다면 당신도 회사가 행복할 수 있도록, 즉 매출을 올릴 수 있도록 노력해야 합니다. 가족끼리도 아빠가 엄마에게 "행복하게 해줄게."라고 말하면 엄마도 아빠에게 "행복하게 해줄게요."라고 말해야 합니다. 가장 중요한 것은 서로를 바라보는 것입니다. 부부가 결혼 생활에 어려움을 느끼는 이유는 '사랑을 소유하려고 하기 때문'입니다. 사랑이란 주는 것도 받는 것도 아닙니다. 사랑은 그냥 거기에 '있는 것'이지요.

# #
21세기는
여성의 시대입니다

'21세기는 여성의 시대'라고 생각합니다. 이제 여성이 이끌어나가는 시대가 됐으니 자신이 '남자'라며 섣불리 나섰다가는 큰코다치게 될지도 모릅니다. 실제로 대부분의 가정을 살펴보면 아내가 경제권을 쥐고 있습니다. 그래서 여성의 감성을 파악하지 못하면 상품을 판매할 수 없습니다. 채널 선택권도 여성이 쥐고 있어서 엄청난 영향력을 가진 대중매체라도 여성의 마음을 사로잡지 못하면 높은 시청률을 확보하기 어렵습니다. 그러므로 여성의 마음을 파악하려면 일과 관련한 부분이든 뭐든 여성이 맡아야 합니다.

그리고 여성들이 과거에 비해서 이런저런 인생 공부를 해서 현명해졌다면 자신이 직접 이끌어 나가면 됩니다. 시대를

이끌어 나가는 데는 성별도 나이도 아무 상관 없습니다.

예를 들어 저는 난생처음 가보는 곳에서 길을 잃으면 어린 초등학생에게라도 길을 물어봅니다. 인생도 이와 마찬가지입니다.

물론 여성 중에는 '남자가 좀 이끌어 줬으면' 하고 바라는 사람도 있습니다. 하지만 자신이 이끄는 편이 일이 잘 풀릴 때가 더 많습니다. 이 세상은 아는 사람이 이끌고 모르는 사람은 그 뒤를 따라가면 됩니다. 그러면 모든 일이 원만하게 잘 풀립니다.

남자에게 여자는 그림,
여자에게 남자는 음악

남자에게 여자는 '그림'과 같습니다. 여기에 걸어뒀어도 저기에 또 걸어두고 싶은 마음이 듭니다. 그런데 여자에게 남자는 '음악'입니다. 아무리 좋아하는 곡이라도 두 곡을 함께 들을 수는 없습니다.

사람을 좋아하는 감정은 노력한다고 해서 생기는 것이 아닙니다. 주변 사람들이 '그만둬!'라고 아무리 반대해도 좋은 것은 좋은 것입니다. 마음대로 정할 수 없습니다. 상담하다 보면 자주 "불륜은 역시 안 되는 일이죠?"라는 질문을 받는데, 그런 도덕적인 문제는 잘 모르겠습니다. 그보다 저는 좋아하는 사람이 있다면 그 사람의 행복을 생각해 보라고 조언합니다.

단, 누군가와 사귀다가 헤어졌다면 그다음에는 반드시 그보다 더 좋은 사람을 만나게 됩니다. 왜냐하면 이전보다 당신이 성장했으니까 그렇습니다. **상대는 자신의 성장에 맞춰서 나타납니다. 그러므로 애인에게 차였다고 우울해하지 말고 더 좋은 사람이 나타날 거라 여기세요. 실제로도 그렇습니다. 혹 이전보다 못한 사람이 나타났다면 사귀지 않으면 그만입니다.**

연애에 실패했더라도 우리는 실패에서 뭔가를 배우고 사람을 보는 안목도 기를 수 있습니다. 그래서 다음에는 전보다 훨씬 좋은 사람이 나타나는 것입니다. 시쳇말로 쿨하게 '헤어졌으니까 이제 다음 사람이 올 거야!'라고 여기세요.

간혹 성격이 센 여성 중에는 자신을 억누르고 참는 데에 능력을 낭비하는 사람이 있는데, 이는 절대로 해서는 안 되는 행동입니다. 자기 능력은 자신을 드러내는 데에 써야 합니다. 그러면 자연히 자신의 매력도 발산됩니다. 뭐든지 참는 것이 좋다고 여기는 이들이 있는데, 그랬다가는 원망밖에 나오지 않게 됩니다.

"

누군가와 사귀다가 헤어졌다면
그다음에는 반드시
그보다 더 좋은 사람을
만나게 됩니다.
왜냐하면 이전보다
당신이 성장했으니까요.

# #
인간관계는
거울과 같습니다

 인간관계는 자신을 비추는 거울과 같습니다. 당신이 상대방을 싫어하면 상대방도 당신을 싫어합니다. 반대로 당신이 상대방을 좋아하면 상대방도 당신을 좋아합니다. 저는 제가 주인공이 되기보다 다른 사람이 주목받는 것을 좋아합니다. 그래서 회사에서 파티를 열 때, 어떻게 하면 '회사 사람들을 파티의 주인공으로 만들 수 있을까?' 하고 궁리하지요.

 앞서 언급했지만, 상대방은 자신을 비추는 거울이기 때문에 상대방이 받은 관심과 사랑은 반드시 자신에게 돌아옵니다. 그래서일까요? 회사 사람들도 저에게 따뜻한 사랑과 관심을 줍니다.

 저는 사람들이 행복해지는 것이 좋습니다. 행복해지는 방법은 의외로 간단한데, 왜 세상에는 이토록 불행한 사람들이 많은지 항상 의문입니다.

예를 들어 여성은 예뻐지면 행복해집니다. 예쁜 사람은 고생하지 않습니다. 영화나 드라마를 보면 예쁜 여성들이 고생하는 장면이 나오는데, 이는 어디까지나 픽션일 뿐 실제로는 그렇지 않습니다. 반면 남성들은 여성에게 인기가 많으면 행복해하고 그렇게 되길 바랍니다. 이를 이루기 위해 매력적인 사람이 되려고 노력합니다.

이렇게 여성은 옷이나 액세서리 등으로 자신을 예쁘게 꾸미는 것을 좋아하는 습성이 있고, 남자는 여자를 좋아하는 습성이 있습니다. 요컨대 행복은 바로 '습성'입니다.

철은 늘어나는 성질(습성)이 있어서 레일을 설치할 때 보통은 연결 부분에 틈새를 둡니다. 그런데 고속열차인 신칸센의 레일에는 틈새가 없습니다. 볼트로 꽉 '조여져' 있습니다. 이와 마찬가지로 남편이 바람피우지 못하게 하려면 아내는 남편을 꽉 '조여야' 합니다. 즉, 꽉 잡아두어야 합니다. 조금만 느슨하게 풀어두면 곧바로 바람을 피울 것입니다.

그래서 바람피우지 않는 남성은 인기가 없는 사람이거나, 아내가 꽉 붙잡고 있기 때문입니다(하하). 남성들끼리 여자에 관한 이야기를 하는 것은 여성들끼리 패션에 관한 이야기를

하는 것과 마찬가지입니다. 여성들이 패션 잡지를 읽는 것과
남성들이 야한 잡지나 영상을 보는 것은 동일한 원리입니다.

여성은 예뻐지면
행복해집니다

여성은 예뻐지면 행복해집니다. 어느 한 곳이 예뻐지면 행복이 하나 늘어납니다. 아내가 예쁘게 하고 있으면 집으로 복을 부르는 신이 있는 것과 마찬가지입니다. 덩달아 남편의 일도 잘 풀립니다. 그래서 여성이 예쁘게 가꾸고 꾸미는 것은 '일'과 다름없습니다.

여성은 노력하면 얼마든지 예뻐질 수 있습니다. 가끔 여장한 남자 배우가 예뻐 보일 때도 있는데, 하물며 여성으로 태어나 질 수는 없겠지요. 적어도 여장한 남자보다는 예뻐야 하지 않겠어요(하하)?

남성의 경우는 욕구가 여성에게 향하지만, 여성은 옷이나 장신구로 향합니다. 예를 들어 금방이라도 숨이 넘어갈 것 같은 남성이 있다고 합시다. 그 남자에게 '저기 옷을 홀딱 벗은 여자가 걷고 있다더군.'이라고 말하면 아마도 기어서라도 갈 것입니다.

여성의 경우는 이와 같습니다. 실제로 있었던 이야기인데, 교토에 살던 한 할머니가 병에 걸려서 시한부 판정을 받았다고 합니다. 그런데 포목전 상인이 찾아오자, 갑자기 이불을 박차고 일어나 '이게 나한테 잘 어울리겠지?'라며 옷감을 골랐다고 합니다. 아마도 할머니는 옷이 다 만들어질 때까지 기다리는 동안 건강하게 지냈을 것입니다.

이 정도로 여성은 예쁘게 꾸미는 것을 좋아합니다. 그러니 남편은 아내가 스웨터를 몰래 샀다고 불같이 화를 내서는 안 됩니다. 이런 욕망은 신이 준 것입니다. 남자나 여자나 '여자를 쫓아가면 안 된다.', '옷은 사면 안 된다.'고 하면 활력을 잃게 될 것입니다.

남자의 이상형은
어머니입니다

만일 남성에게 인기가 많았으면 하고 바라는 여성이 있다면, 남성에게 내숭 떨지 말고 이말 저말 다하는 것이 좋습니다. 많은 여성이 줄곧 착각하는 것이 있습니다. 바로 남성들이 말하는 착한 여자에 대한 오해입니다.

"이상형이 어떻게 되세요?"라는 질문에 남성들이 "착한 여자예요."라고 답한다고 해서 정말 착하게 혹은 상냥하게 행동해서는 안 됩니다. 왜냐하면 남성들이 말하는 착한 여자란 자신의 '어머니'를 뜻하기 때문입니다. 즉, 남성의 이상형은 자신을 낳아준 어머니입니다.

자식이 지각할 것 같으면 엉덩이를 때려서라도 학교에 보내는 것이 어머니입니다. 남성들은 이런 어머니의 모습을 사랑으로 받아들입니다. 반대로 배려한답시고 가만히 내버려두면 게으름을 피웁니다.

전혀 호감이 없는 남자에게 고백받은 여자가 있다면 그 남자가 어떻게 여기든 신경 쓰지 않고 하고 싶은 말을 다 했기 때문일 것입니다. 그러면 남자는 '아, 이 여자는 나를 위해서 이런 말을 말해주는구나.' 하고 더 호감을 느끼게 됩니다. 반면 호감이 있는 남자에게 잘 보이고 싶어서 입을 꼭 다물고 하는 말만 들으면 남자는 '이 여자, 참 재미없네.'라고 생각합니다.

남자는 결혼하면 자기 아내를 'OO엄마'라고 부릅니다. 월급을 전부 아내에게 주고 용돈을 받아 씁니다. 마치 어린아이 같습니다. 이래서 남편을 두고 큰아들을 키운다는 말이 나왔나 봅니다(하하). 남편이 큰소리를 치는 집은 틀림없이 아내가 약한 척을 하는 집입니다. 이 세상에 약한 여자는 없습니다. 약한 척을 하고 있을 뿐이지요(하하).

여성이 아이를 낳는다는 것은 남성보다 구조가 복잡하다는 뜻입니다. 그래서 여성들은 복잡하고 오래 삽니다. 일반적으로 복잡한 것은 깨지기 쉽다고 하지만, 남성들은 단순하면서도 깨지기 쉽습니다.

또한 보통은 남성이 여성보다 힘이 세다고 생각하는데, 꼭 그런 것만도 아닙니다. 예를 들어 일본의 치바라는 도시에 '거

북이등 아줌마'라고 해서 큰 짐을 등에 업고 물건을 팔러 오는 할머니가 있다고 합니다. 이 할머니는 70세가 됐어도 크고 무거운 짐을 항상 등에 직접 업고 다닙니다.

할머니는 젊었을 때부터 힘이 무척 셌다고 합니다. 그래서 약한 척을 하면 남자가 짐을 들어준다는 것을 알고 있었지만, 스스로 짊어지고 다녔다는 것입니다. 이렇듯 여성은 강합니다.

그리고 남성이 여성보다 더 열심히 일할 것 같지만 오히려 그 반대입니다. 여성은 일을 해야 하는 이유가 있으면 가만히 내버려둬도 열심히 일합니다. 그러나 남성은 일일이 쫓아다니면서 말해야 움직입니다. 그 대신에 남성은 이유가 필요 없습니다. '돌격!'하면 돌격하니까 말입니다(하하).

같은 물고기라도 붕어와 곤들매기는 습성이 다릅니다. 이처럼 남성과 여성도 습성이 다릅니다. 이 습성을 무시하면 남성과 여성 모두 불행해지고, 무시한 쪽이 지쳐버리게 됩니다.

요컨대 여성은 약해 보이지만 자신을 자제하는 데에 힘을 쓰고 있을 뿐 실제로는 강합니다. 남자는 살해당하면 끝이지만 여성은 죽어서 귀신이 되어 나타납니다. 그만큼 끈질기고 강합니다(하하).

결혼은
궁합입니다

결혼을 지속하게 하는 힘은 궁합입니다. 하지만 궁합이 좋다고 반드시 결혼하는 것은 아닙니다. 인생이 수행인 것처럼 결혼도 수행입니다. 그래서일까요? 더 나은 수행을 위해서 궁합이 나쁜 사람을 선택해서 결혼하는 사람들이 많습니다. 알고 그러는 것은 아니겠지만 말입니다.

결혼은 '어차피 누군가와 수행해야 한다면 당신과 하고 싶다.'는 마음으로 하는 것입니다. 즉, '나와 상대방은 다르다.'는 것을 알기 위한 수행입니다. 그래서 상대방이 자신의 의견에 따르도록 강요하면 고통스러워집니다. 먼저 '나와 상대방은 다르다.'는 것을 깨달아야 합니다.

부부도 그렇지만, 수행의 상대는 가장 가까운 곳에서 나타납니다. 그래서 인생 최대의 수행 상대는 형제 혹은 친척 중에 있습니다. '내 부모인데 내 이야기를 잘 들어주지 않아요.'라고 불평하는 사람이 있는데, 이렇게 자신의 가장 가까운 곳에 '벽창호' 같은 사람이 있어서 수행하게 되는 경우가 많습니다. 하지만 많은 사람들은 신이 준 이런 원리를 이해하지 못합니다. 수행은 이해하면 사라지고, 이해하지 못하면 '이래도?', '이래도?'라며 계속하게 됩니다.

남들보다 고생이 길어지는 이유는 자신의 관념이 틀렸기 때문입니다. 이를 직시하고 남이 아니라 자신을 바꾸려고 노력합시다.

# #
하늘이 내린 수행은
피할 수 없습니다

　부부 사이에 겪어야 할 수행이 없는 이라면 회사에 가면 다른 수행이 기다리고 있습니다. 어느 쪽이든 하늘이 내린 수행을 피할 수는 없거든요. 노자의 '천망회회소이불루(天網恢恢疏而不漏)'라는 말이 있듯이, 하늘의 법망은 성긴 것 같으나 절대로 피할 수 없습니다. 즉, 아무리 싫어도 하늘이 내린 수행은 피할 수 없다는 뜻이지요.

　그러므로 힘든 상황에 부닥치고 나서 할 것이 아니라, 그전에 하는 것이 낫습니다. 어떤 사람이 인생이 술술 잘 풀린다면 이는 옳은 일부터 먼저 했기 때문입니다. 반대로 인생이 잘 풀리지 않는 사람은 옳은 일을 좀처럼 하지 않기 때문에 힘든 일을 겪는 것입니다.

회사 상사도 잘 살펴보면 '어떤 말을 하면 기뻐할지', '무엇을 하면 화를 낼지'를 알아낼 수 있습니다. 알았다면 그 사람이 기뻐하는 일을 하세요. 그러면 힘든 상황은 벌어지지 않습니다.

얼마 전에 한 여성 디자이너가 나를 찾아왔습니다. 상사와 의견이 맞지 않아서 그만둔다는 것이었습니다. 사실 해결책은 간단했습니다. 그녀 스스로 상사가 감동해서 감탄사를 연발할 만한 일을 하면 됩니다. 상사 한 명도 납득시키지 못하는 사람이 세상을 납득시킬 수 있을까요?

많은 사람들이 수행을 어려워하는 이유는 자신을 바꾸는 것이 두렵기 때문입니다. 물론 힘들겠지만 우리는 자신을 바꿔나갈 수밖에 없습니다. 세상은 변하지 않으니까요.

인생에는 다양한 문제가 있으며 어느 쪽이 옳은지는 상황마다 다릅니다. 하지만 대개는 자신이 가장 하기 싫어하는 것이 옳습니다. 문제가 생겼을 때 그중에서 제일 하고 싶지 않은 것이 바로 해결책입니다.

그래서 저는 항상 가장 하기 싫은 일부터 시작하려고 노력합니다. 대부분의 사람은 가장 간단한 일부터 시작하는데, 자신이 제일 잘하는 방법은 수행이 될 수 없습니다. 정말 수행하려면 가장 서투른 것부터 해야 합니다. 대개 이런 일들은 생각

하는 것만큼 굴욕적이지 않습니다. 그럼에도 하기 싫은 이유
는 그것이 그 사람의 '아집'이기 때문입니다.

"

인생에는 다양한 문제가 있으며
어느 쪽이 옳은지는
상황마다 다릅니다.
하지만 대개는 자신이 가장
하기 싫어하는 것이 옳습니다.
즉, 문제가 생겼을 때
그중에서 제일 하고 싶지 않은 것이
바로 해결책입니다.

# #
행복은 생각만 하고
있어서는 안 됩니다

앞에서도 언급했지만, 사람은 행복하다고 생각만 해서는 안 됩니다. 행복하게 보여야 합니다. 불행한 사람은 불행에 어울리는 모습을 하고 있기 때문입니다. 불행에 어울리지 않는 모습을 하고 있으면 '우동 한 그릇'의 이야기처럼 3명이서 우동 한 그릇을 먹는 상황까지 가지 않습니다(하하).

액세서리를 멋지게 하고 행복한 모습을 하고 있으면 자신도 모르게 "튀김우동!" 하고 외치게 될 테니까요. 그런 모습을 하고 있으면 이유는 모르겠지만 튀김우동을 먹을 수 있게 됩니다. 그리고 기적도 일으킬 수 있습니다. 아스팔트 위의 잔디도 '한없이 여리고 작은 힘'으로 천천히 아스팔트를 뚫고 올라가려고 했기 때문에 딱딱한 아스팔트를 뚫고 나올 수 있는 것입니다. 사람도 마찬가지입니다.

지구가 움직이듯 지구에 사는 우리는 열심히 움직여야 합니다. 그러면 성공할 수 있습니다. 그런데 만일 힘든 일이 있다면 이는 자신이 '틀렸기' 때문입니다. 실패는 실패가 아니라 잘못된 방법을 알게 되는 기회입니다. 그러므로 곧바로 다른 방법을 찾아 다시 도전하면 됩니다. 이것이 성공하는 사람과 실패하는 사람의 차이입니다. 실패라고 여기고 그만두면 낙오자가 될 뿐이지요.

사람은 잘될 때까지 계속하면 반드시 성공합니다. 그런데 왜 계속할 수 없는 것일까요? 두 가지의 이유가 있습니다. 하나는 실패할 때마다 '실패했어, 나는 실패했어.'라고 생각하기 때문입니다. 따라서 실패가 아니라 '틀렸다'는 것을 알게 된 성공 체험이라고 여겨야 합니다. 그리고 또 다른 하나는 고치지 않고 똑같은 일을 반복하기 때문이지요. 우리는 실패를 포함해서 하나씩 하나씩 배워 나가면 됩니다.

66

실패는 실패가 아니라
잘못된 방법을 알게 되는 기회입니다.
그러므로 곧바로 다른 방법을
찾아 다시 도전하면 됩니다.
이것이 성공하는 사람과
실패하는 사람의 차이입니다.
실패라고 생각하고 그만두면
낙오자가 될 뿐입니다.

# #
이 세상은
위로 올라갈수록
편해집니다

열심히 노력한다면 당신의 문제가 사라질까요? 그렇지 않습니다. 문제가 없으면 영혼이 성장할 수 없기 때문에 문제는 항상 존재합니다. 위로 올라가면 그곳에 또 다른 문제가 있습니다. 하지만 문제는 위로 올라갈수록 간단해집니다.

대나무의 마디도 제일 아래가 가장 딱딱하고 두껍지요. 제일 아래 마디를 빼면 그다음 마디는 조금 수월하게 뺄 수 있습니다. 위로 올라갈수록 마디가 얇기 때문입니다. 이것이 자연의 섭리입니다. 높고 큰 빌딩도 위쪽을 가볍게 짓지 않나요?

반면 인간 사회는 이와 반대입니다. 초등학교보다 중학교, 고등학교, 대학교로 올라갈수록 점점 더 어려워집니다. 하지만 신의 세계는 그렇지 않습니다. 위로 올라갈수록 간단해집니다. 이를 알지 못하고 위로 올라가면 올라갈수록 어려워진다고 생각하면 사람은 도전하지 않게 됩니다.

예를 들어 장사할 때에 가장 힘든 시기는 집세를 낼 수 있고 삼시 세끼를 먹고 살 수 있게 될 때까지입니다. 이 시기가 제일 밑바닥으로 가장 힘듭니다. 그런데 이 시기에 위로 올라가면 올라갈수록 더 어려워진다고 여기면 더 이상 도전하지 않게 됩니다. 안타까운 일이 아닐 수 없습니다.

저의 경우는 16세에 사회로 나와서 혼자 돈을 벌 수 있게 될 때까지가 가장 힘들었습니다. 일을 포함해 뭐든지 처음은 힘듭니다. 하지만 점점 편해집니다. 만일 점점 더 힘들어진다면 방법이 틀렸기 때문입니다. **'고생 끝에 낙이 온다.'는 말이 있는데 그렇지 않습니다. '고생 끝에는 더한 고생이 있다.'가 맞습니다. 틀렸기 때문에 고생하는 것입니다.**

그러므로 만일 당신이 지금 많이 힘들다면 잠시 멈춰 서서 고민해 보고 방법을 바꿔보세요. 그럼에도 고생이 계속된다면 또 다른 방법을 생각해 보세요. 그러면 반드시 신이 계시를 통해서 올바른 방법을 알려줄 것입니다.

부부는 '균형'입니다

힘든 일이 생겼을 때는 '인생은 원래 그런 거야.'라고 여기면 됩니다. 실제로 인생이란 그렇습니다. 결혼도 그렇지요. 이러지도 저러지도 못하는 일이 벌어졌을 때는 '그런 거지 뭐.'라고 생각하고 넘기면 극복할 수 있습니다.

부부를 두고 흔히 '인생의 동반자'라고 하는데, 원래 의미는 '균형', 즉 서로서로 반영하는 관계입니다. 자신이 그 정도의 남편이라서 그 정도의 아내를 맞은 것이고, 아내가 그 정도라서 남편도 그 정도인 것입니다. 그러므로 부부 사이에 있어 불균형은 없습니다.

결혼도 '균형'입니다. 그래서 자신이 변하면 배우자도 변합니다. 만약 균형이 잘 맞지 않으면 이혼하게 되지요. 남편이

미숙할 때는 아내도 미숙합니다. 결혼은 그런 것입니다.

회사도 처음에 유능한 사람들이 지원하지 않는 이유는 사장이 미숙하기 때문입니다. 사장이 성장하면 직원도 함께 성장하고, 그렇지 않으면 직원들은 그만두고 다른 곳으로 떠나게 됩니다.

바람피우는 것과
예쁘게 꾸미는 것

남자는 '바람피우는 습성'을 버리면 끝입니다. 여자가 하라는 대로만 하면 일시적으로 만족감을 줄 수는 있겠지만, 결국에는 '재미없어. 시시한 남자야!'라고 여겨지기 때문입니다. 여자는 '예쁘게 꾸미는 습성'을 버리면 끝입니다. 결혼하고 아내가 집에 푹 퍼져 있으면 남편은 반드시 바람피우고 싶어집니다.

'부부는 서로에게 공기와 같은 존재여야 한다.'라며 편하게 느껴지는 관계가 좋다고 하는데, 그렇지 않습니다. 부부 사이라도 남녀 사이처럼 긴장감이 필요합니다. 그래서 아내는 집에 있어도 남편이 다른 여자에게 한눈팔지 않도록 예쁘게 꾸며야 합니다.

축구를 보면 골키퍼가 골대를 지키고 그 외의 선수들은 손을 사용하면 안 되는 규칙이 있습니다. 그래서 골이 쉽게 들어가지 않고 이런 규칙이 게임의 재미를 더합니다. 이와 마찬가지로 부부 사이에도 규칙이 필요합니다. 아내는 예쁘게 꾸미고 남편은 바람기를 버리지 않는 규칙 말입니다. 남편이 "당신밖에 없어."라고 말해서 아내가 행복한 미소를 짓는 것은 신혼 때뿐입니다. 실제로 계속 그러면 서로 성가셔서 결국 귀찮아집니다.

여자에게는 상승 욕구가 있어서 능력 있는 남자는 다른 여자들에게도 인기가 많습니다. 그래서 '남편이 바람피우지 못하도록 예쁘게 하고 있어야지.'라는 마음을 가져야 부부가 서로 점점 더 나아질 수 있습니다.

남자들은 흔히 '자상한 아내가 좋다'고 하는데, 여기서 '자상하다'는 것은 무슨 행동을 해도 이해해 주는 것이 아닙니다. 회사에 가지 않으면 화를 내고 잔소리하는 아내를 말합니다. 편하게 해주겠다고 "그래요, 쉬어도 괜찮아요."라고 한다면 남편은 정말로 회사에 가지 않습니다. 아내가 이렇게 착각하고 있으면 남편도 망가지고, 가정도 망가집니다.

앞에서도 언급했지만, 남성에게 자상한 사람은 잔소리하고 혼낼 줄 아는 여성을 의미합니다. 즉, 어머니와 같은 존재

입니다. 실제로 이 세상의 거의 모든 남편은 자기 아내를 'ㅇ
ㅇ엄마'라고 부릅니다. 그리고 회사에서 받은 월급을 전부 아
내에게 주고 용돈을 받아씁니다.

남자들이 원하는 최고의 여성상은 어머니입니다. 자신을
사랑하니까 잔소리도 하고 화도 낸다고 생각합니다. 따라서
여자는 뭐든지 괜찮다며 혼내지 않고 그냥 넘기면 안 됩니다.

**또한 여성은 남성이 좀 더 나은 위치에 오를 수 있도록 도와
야 합니다. 서로가 익숙하기만 하면 관계도 나빠지고 영혼도
향상되지 않습니다.**

신은 향상하려고 노력하지 않는 영혼에게 "저세상으로 돌
아오라."라고 말합니다. 반대로 수명을 어느 정도 연장하고
싶다면 계속 영혼을 성장하게 하면 됩니다. 어쨌든 이 세상은
위로 올라가는 것이 가장 편하고 좋습니다. 아래를 보고 걸으
면 떨어질 뿐이지요.

4

경제란
이런 것입니다:
경제의 원리

# #
경제를 아는 것이
중요합니다

우리가 생활하는 데에 '경제'는 매우 중요합니다. 이번 장에서는 우리를 둘러싼 경제에 대해 생각해 보고자 합니다. 우선, 경제에는 인플레이션과 디플레이션이라는 현상이 있습니다. 현재는 (2010년 대 초반, 편집자 주) 디플레이션입니다. 일반적으로 디플레이션에는 상품 가격이 하락합니다. 과거에는 경기가 나빠지면 상품 가격이 하락했습니다. 즉, 불경기가 되면 사람들이 물건을 구입하지 않기 때문에 상품 가격이 내려갔습니다.

그런데 지금은 경기가 좋아도 상품 가격이 하락합니다. 과거에도 이와 비슷한 시기가 있었습니다. 영국이 패권을 쥐었을 때 그랬습니다. 당시 영국의 해군은 세계 최고로 '전 세계의 바다'를 지배하고 있었습니다. 그래서 일시적으로 전쟁이 사라졌는데, 그렇게 되자 상품 가격이 하락하기 시작한 것입니다. 다시 말해 전쟁이 없으면 상품 가격은 하락합니다.

반면 지금은 미국이 공군뿐만 아니라 해군, 육군에서 압도적으로 강합니다. 그래서 지역 분쟁이 일어나도 큰 전쟁으로 번지지 않습니다. 20세기는 전쟁의 시대였기 때문에 우리는 싫어도 전쟁을 알아야 했습니다. 하지만 지금은 전쟁이 끝나고 경제의 시대가 됐습니다.

현재 일본이 불황인 이유는, 미국과 소련(현 러시아) 대립했을 때 전 세계가 반으로 나뉘었기 때문입니다. 서쪽과 동쪽, 즉 미국 측과 소련 측으로 말입니다. 소련과 '냉전'을 벌이던 시절, 미국은 대신해서 경제를 맡아줄 나라가 필요했습니다. 그 나라가 바로 일본이었습니다. 그래서 일본의 경기가 호황을 누렸던 것입니다.

그런데 지금은 전쟁이 끝나고 전차와 대포 등의 전쟁 무기를 생산하던 공장에서 '냄비'를 생산하기 시작하면서 물건이 남아돌게 됐습니다. 이와 마찬가지로 병사였던 사람들도 일을 하기 시작하면서 노동력도 남아돌게 됐지요. 노동력과 상품이 잉여 상태가 된 것입니다. 또한 미국도 전쟁이 끝났으므로 스스로 경제를 맡아서 이끌고 나가게 되었습니다. 요컨대 일본의 경기가 좋았던 이유는 사실 '냉전' 덕분이었습니다.

세상을 냉정하게
바라보세요

현재(2011년 당시, 편집자 주) 후쿠시마 원전 사고가 큰 문제로 떠오르고 있습니다. 하지만 지금도 그곳에서는 500여 명의 사람들이 일하고 있습니다. 그런데 그들은 피폭되지 않았습니다. 방사능 문제로 세상이 떠들썩하지만 한 명도 죽지 않았습니다. 매년 하천이나 바다로 놀러 가서 100여 명의 사람들이 사고로 목숨을 잃는 것에 비하면 위험성은 100분의 1 이하입니다. 이것이 현실입니다.

제가 하고 싶은 말은 원자력 발전소에 찬성한다 혹은 반대한다가 아니라, 차분한 마음가짐으로 냉정하게 주변을 바라봐야 한다는 것입니다. 특히 이 세상에는 필요 이상으로 사람들에게 겁을 주려는 무리가 있습니다. TV 프로그램을 만드는 사람들은 시청률을 높이기 위해서 대중에게 겁을 줍니다. 아무 문제도 없으니 안심해도 된다고 보도하면 아무도 보지 않으니까요.

그런데 문제는 겁을 먹으면 사람들은 위축되고 그만큼 물건을 사지 않게 된다는 점입니다. 불경기에 이런 악재가 더해지면 경기는 빠른 속도로 나빠지고, 악순환의 스파이럴이 일어납니다.

미디어 종사자들은 경제에 대해서 잘 모릅니다. 일단 시청률만 잘 나오면 그만이라며 불안감을 조장하는데, 불안감이 조성되면 사람들은 상품을 사지 않게 됩니다. 그러면 상품을 팔지 못한 기업은 광고비를 지불하지 못하게 되고, 결국 광고비로 먹고사는 미디어 종사자들은 스스로 자기 목을 조르게 됩니다.

# #
영혼은
서로 연결되어
있습니다

중요한 것이라 거듭 강조하지만, 영혼은 다 함께 향상돼야 합니다. 예를 들어 경제에 대해 아는 사람이 늘어나면 단숨에 영혼 전체의 수준이 높아집니다. 인간의 영혼은 서로 연결되어 있기 때문입니다.

어느 섬에서 원숭이 한 마리가 감자를 씻어 먹었더니 그것을 흉내 내는 원숭이가 나타났다고 합니다. 그리고 그런 원숭이의 수가 100마리를 넘자, 다른 섬에서도 원숭이가 감자를 씻어 먹는 현상이 나타났다고 합니다.

즉, '일정 수 이상이 알면 전체가 알게 된다'는 것입니다. 그래서 처음부터 모두가 알 필요는 없습니다. 일부만이라도 '이거 참 재미있네.'라고 알게 되면 결국 모두가 알게 됩니다. 이

것이 바로 '진화의 법칙'입니다.

'나무묘법연화경(南無妙法蓮華經)'라는 경문이 있는데, 연꽃은 진흙탕 속에서도 꽃을 피운다는 가르침을 담고 있습니다. 모든 사람의 내면에 진아(眞我)가 있다는 뜻입니다. 아무리 악한 사람이라도 내면에 연꽃과 같은 진아, 다시 말해 맑고 깨끗한 영혼이 있다고 합니다.

연꽃의 뿌리는 '연근(蓮根)'이라고 부르며 한자 풀이대로 서로 연결되어 있지요. 이와 마찬가지로 사람의 영혼도 서로 연결되어 있습니다. 일정 수 이상의 사람들이 어떤 진리를 알게 되면 모두 알게 되는 것도 이 때문입니다.

남무(南無)는 '저는 믿습니다.'라는 뜻입니다. 그리고 '경문(經文)'이란 무엇인가 하면 다음과 같습니다. 지구에 경도(經度)와 위도(緯度)가 있지 않은가요? 위도는 가로줄이고 경도는 세로줄에 해당하는데, 줄에 추를 매달면 세로 방향, 경도 방향으로 떨어집니다. 아프리카에 간다고 추가 가로 방향으로 떨어지지는 않지요. 항상 세로 방향으로 떨어집니다. 이렇듯 경문은 세계 공통의 가르침을 의미합니다.

"

연꽃의 뿌리는 '연근(蓮根)'이라고
부르며 한자 풀이대로
서로 연결되어 있습니다.
이와 마찬가지로 사람의 영혼도
서로 연결되어 있습니다.
일정 수 이상의 사람들이
어떤 진리를 알게 되면
모두 알게 되는 것도 이 때문입니다.

불안을
부추기는 것은
악마의 소행입니다

이 세상에는 불안을 조장하려는 이들이 많은데, 이는 좋지 않은 행동입니다. 저는 모든 사람이 불안해하지 않았으면 하고 바랍니다. 간혹 리더들 중에 사람들을 위협하거나 겁을 줘서 자기 뜻대로 조정하려는 사람이 있습니다. 리더로서 제일 중요한 덕목은 사람들을 안정시키는 일입니다. 그런 다음에 '문제를 해결하려면 어떻게 하면 좋을지'를 고민하고 결정할 수 있어야 합니다.

신은 사람들을 안정시키고 악마는 당황하게 만듭니다. 그러므로 남을 당황케 하는 사람이 있다면 악마라고 여기면 됩니다. 저는 사람들을 당황하게 만들거나, 서두르게 재촉하는 것을 싫어합니다. 그보다 마음을 차분히 가라앉힐 수 있도록

돕는 것이 중요하다고 여깁니다.

현재 일본이 해결해야 할 과제로는 지진 대책과 원자력 발전소 등이 있습니다. 무엇보다 가장 큰 문제는 앞으로 치솟을 전기세인데, 전기세가 오르면 일본에서 생산되는 제품의 가격은 당연히 오를 것입니다. 그렇게 되면 다른 나라에 비해 일본 제품은 비싸져서 경쟁력에서 밀리고 말 것입니다.

그뿐만이 아닙니다. 회사는 정리해고를 단행할 것이고, 결국 실업률도 상승할 것입니다. 이런 사태를 대중매체에서 보도하면서 불안을 더욱 부추기면 사람들은 더더욱 물건을 사지 않고 저축하려고 할 것입니다. 그러면 불황은 심각해질 수밖에 없습니다.

돈은 혈액과 같습니다. 온몸으로 잘 흘러가야 균형을 잃지 않습니다. 인간의 신체도 혈액이 잘 순환돼야 비로소 건강을 유지할 수 있지 않은가요? 사실 일본은 많은 양의 현금을 보유하고 있습니다. 무역수지가 계속 흑자였다는 것은 그만큼 돈이 많다는 뜻이 아닐까요? 그런데 왜 경기가 나쁜 것일까요? 그 이유는 축적된 돈이 돌지 않고 있기 때문입니다.

과거에는 저금해도 돈을 빌릴 사람이 많았기 때문에 돈이 돌고 돌았습니다. 그런데 지금은 일본 국민들이 '불경기'라며 물건을 사지 않게 됐고 돈을 빌리려는 사람들도 사라졌습니다.

현재(2011년 당시, 편집자 주) 일본 은행이 금융 완화 정책을 펴고 있는데, 저는 아무 소용없는 일이라고 생각합니다. 일본 은행이 시중 은행에 돈을 빌려줘도 그다음 단계에서 돈을 빌리려는 사람이 없으면 돈은 순환되지 않기 때문입니다. 그나마 일본에서 유일하게 돈이 잘 순환되는 곳은 지진 피해 복구가 한창인 도호쿠(東北) 지역입니다. 앞으로 일본은 이 지역을 계기로 미미하게나마 경기가 좋아질 것입니다.

# #
똑같은 일은
다시 일어나지 않습니다

경제에 똑같은 일은 두 번 일어나지 않습니다. 경제 상황을 포함해서 어떤 일이든 앞을 읽을 수 있으면 더없이 좋을 것입니다. 예를 들어 경마에서도 다음 경기에서 어떤 일이 벌어질 지를 미리 알면 이길 수 있습니다. 그런데 왜 경제학자들의 예측은 빗나가는 것일까요? 이유는 경제학자들이 '과거'에 대해 조사하기 때문입니다. 그래 놓고 '과거의 ○○과 비슷하다.'고 주장합니다. 현재 일어난 현상을 조사하고 과거와 비교하면 비슷한 일도 있으니까요.

이렇듯 경마든 주식이든 과거의 자료만으로는 미래를 점칠 수 없습니다. 그런데 어떻게 저는 미래의 일을 알 수 있을 까요? 이는 어떤 법칙이 있기 때문입니다. 바로 '경제에는 똑

같은 일은 절대로 일어나지 않는다.'는 법칙입니다. 이 법칙을 알고 있으면 미래를 내다볼 수 있습니다.

과거에 관동 대지진과 고베 대지진이 발생했던 것처럼 일본에 지진이 일어난다는 것은 기정사실입니다. 하지만 지진이 일어난다고 해서 땅값이 매번 상승하지는 않습니다. 실제로 관동 대지진이 발생했을 당시, 많은 사람은 '이곳은 이제 끝이다.'라며 동분서주했고 땅값은 끝을 모르고 추락했습니다. 그런데 이때 이 지역의 땅을 사둔 사람들은 훗날 큰돈을 벌었습니다.

반면 고베 대지진이 일어났을 때는 땅값이 하락하지 않았습니다. 이미 모든 사람이 관동 대지진 때의 일을 알고 있었기 때문입니다. 일시적으로 땅값이 떨어지더라도 그 지역이 복구되고 나면 치솟으리라 여긴 것입니다. 하지만 그런 일은 일어나지 않았습니다. 이렇듯 경제에 똑같은 일은 두 번 일어나지 않습니다.

그다음으로 '시소 현상'이라는 법칙이 있습니다. 제가 '긴자 마루칸[5]'을 시작했을 당시, 의사들의 인망은 매우 높았고 모두 돈을 잘 벌었습니다. 하지만 살다 보면 반드시 그 반동이 찾아오기 마련입니다. 그리고 그 반동이 찾아왔을 때, 한쪽이 떨어지면 시소처럼 반대편에 있던 다른 한쪽이 올라가게 됩니다.

의사, 즉 서양 의학의 반대편은 동양 의학, 한방입니다. 그
런데 한방의 시대는 이미 에도 시대[6]에 도래했었으니 다시 찾
아올 리가 없습니다. 그렇다면 어떤 시대가 올까요? 아마도
한방을 기초로 한 건강 보조 제품을 선호하는 새로운 사고의
전환이 일어날 것입니다. 이렇게 경제의 법칙을 알면 자연스
럽게 시대의 조류를 타고 성공을 손에 넣을 수 있습니다.

따라서 어떤 일을 하는데 잘 풀리지 않고 고생만 한다면 시
대를 잘 파악하지 못하고 있다는 뜻이니 경제의 법칙을 떠올
리며 시대를 읽으려고 노력해보세요. 시대를 읽을 수 있다면
반드시 성공할 수 있습니다. 제가 매일 회사에 나가지 않고 드
라이브를 해도 회사 매출이 상승하는 이유는 이런 법칙이 존
재하기 때문입니다.

---

5) 화장품 및 건강 보조 식품을 판매하는 회사로 사이토 히토리가 창업주이다.
6) 1603년~1867년으로 도쿠가와 이에야스가 권력을 장악하여 에도 막부를 설치하여 운
   영한 시기이다.

경제의
세 가지 법칙을
알아둡니다

경제의 법칙에는 세 가지가 있습니다. 첫 번째는 '경제에는 똑같은 일이 두 번 일어나지 않는다'는 것입니다. **두 번째는 시소 현상으로, '시대가 바뀔 때는 그때까지 권력을 쥐었던 사람의 반대편에 있던 사람이 주목받게 된다'는 것입니다. 그리고 세 번째는 '신이 정한 운명'이라는 것입니다. 즉, 이 세상은 신이 정한 운명 안에서 움직인다는 의미입니다.**

예를 들어 요즘 중국을 보면 상당히 풍요로워졌고 중국 다음으로 인도와 베트남, 중동 국가들이 큰 주목을 받고 있지요. 반면 지금까지 성장해온 유럽이나 미국, 일본은 주춤세로 돌아서고 있습니다.

신은 21세기를 경계로 세계를 빈곤에서 구하려는 것 같습니다. 그래서 앞으로 몇 백 년이 지나면 '이 세상에 이렇게 많은 국가가 존재할 필요가 있는가?'라는 의문이 제기될 것이고, '아시아 지역을 아시아 경제권으로 묶자.'는 움직임이 활발하게 일어날 것입니다. 그리고 결국에는 지구를 하나로 만들려는 흐름이 생길 것입니다.

그렇게 되면 우리는 싫어도 그 흐름을 따라가야 합니다. 지금은 중국이 발전하고 있지만 그다음은 인도와 베트남, 그리고 그다음은 다른 빈곤한 국가가 발전하게 될 것입니다. 신이 바라는 것은 세계를 빈곤에서 구하고 경제 격차를 없애는 것이니까요.

앞으로의 시대에는 이런 흐름에 역행하는 일은 일어나지 않을 것입니다. 그리고 현재 낮은 곳에 있는 사람일수록 그만큼 더 높이 올라갈 것입니다. 또한 앞으로 큰 전쟁은 일어나지 않을 것입니다.

'경제'는
사람에 따라
다릅니다

신은 우리에게 경제를 배우라고 말합니다. 경제의 시대에 경제를 배우는 사람은 고생하지 않을 것입니다. 왜냐하면 그것이 신의 생각이니까요.

그렇다면 경제란 무엇인가요? '스스로 일하고 밥 먹고 사는 것'입니다. 신은 '그것을 배우라'고 합니다. 그래서 경제를 공부하더라도 항상 '자신의 경제란 무엇인가?'를 궁리해야 합니다. 그렇다고 해서 '대학에 들어가 경제학을 공부하라.'는 뜻이 아닙니다. 물론 정치가 중에는 세계 경제에 관해 공부해야 하는 사람도 있습니다. 하지만 보통의 일반인은 그보다는 자신이 행복하게 사는 데에 필요한 경제를 배우는 것이 중요합니다.

예를 들어 남편이 일을 하는데도 형편이 나아지지 않는다면 아내도 일을 하러 나가야 하는데, 이런 일을 생각하고 결정하는 것이 바로 '경제'입니다. 그래서 저는 현재 운영하는 긴자 마루칸의 발전을 고민합니다. 그것이 저에게는 경제입니다.

사실 우리는 이 세상에 경제를 배우러 왔습니다. 지금 눈앞에 있는 일이 바로 그 사람이 배워야 하는 경제입니다. 국가는 국가로서 경제를 공부해야 하고, 회사원은 회사원으로서 경제를 공부해야 합니다. 만일 당신이 일본 총리라면 일본 경제에 대해 배워야 하지만 일반 시민이라면 우선 자신의 경제에 대해 배워야 합니다.

또한 회사원은 국가 원수가 아니니까 세계 경제에 대해 논할 필요가 없습니다. 그보다도 불황으로 직원 중 몇 명이 회사를 나가야 하는 시기가 찾아왔을 때, 회사에 남을 수 있는 사람 중 한 사람이 돼야 합니다. 그것이 회사원의 경제입니다.

단, 저의 경우는 사람들에게 경제에 관한 이야기를 해줘야 하므로 세계 경제에 대해서도 알아야 합니다. 이것이 나의 역할입니다. 하지만 모든 사람이 세계 경제를 공부할 필요는 없습니다. 앞으로 일본은 국민들이 물건을 별로 구입하지 않게 되어 불경기에 빠질 것입니다. 이럴 때일수록 돈을 쓰도록 유도하는 것이 정치가의 역할입니다. 그렇다고 모든 국민이 돈을 펑펑 써야 좋은 것일까요? 반드시 그렇지는 않습니다. 자신과 가족을 지키려면 절대로 낭비해서는 안 됩니다.

또한 돈을 빌려서도 안 됩니다. 돈의 가치가 상승하면 빌린 돈도 함께 상승하는데, 인플레이션일 때는 돈을 빌려서라도 상품을 사면 상품 가격이 오르기 때문에 괜찮습니다. 그래서 오히려 빌린 사람이 이득을 봅니다.

하지만 지금은 디플레이션으로 상품 가격이 점점 내려가고 있습니다. 예를 들어 대출을 받아서 토지를 사면 과거에는 빌린 금리 이상으로 토지 가격이 껑충 뛰어서 이득을 봤지만, 지금은 토지 가격도 떨어지고 금리도 물어야 하므로 손해입니다. 그래서 지금은 돈을 빌리면 손해를 보는 시기입니다.

지금은
경제를 배워야 하는
시대입니다

신은 우리에게 '경제를 배우라.'고 말합니다. 그러므로 우리는 경제에 관해 공부해야 합니다. 경제란 무엇인가 하면 생활 그 자체입니다. 즉, '경제 공부'는 필요 이상으로 돈을 빌리지 않고 아무 문제 없이 생활할 수 있도록 경제에 대해 알아야 한다는 뜻입니다. 이제 우리는 싫어도 경제 공부를 해야 합니다. 경제 공부를 싫어하는 사람은 질 수밖에 없습니다.

당신이 회사원이라면 자신이 회사에 이득을 주고 있느냐가 경제입니다. 경제란 상대방에게 이득을 주는 것이니까요. '이득을 주는 게임'과도 같습니다. 20세기까지는 전쟁의 시대였기 때문에 싫어도 전쟁을 통해서 뭔가를 배울 수밖에 없었습니다. 싫어도 폭탄이 터졌으니까요. 하지만 이제 전쟁의 시대는 막을 내렸습니다.

지금은 경제의 시대입니다. 그래서 싫어도 경제 공부를 해야 합니다. 그렇다면 경제의 시대란 어떤 시대인가요? 전쟁의 시대는 힘이 세고 강하면 이겼지만, 경제의 시대는 이득을 주면 이깁니다. 즉, '이득을 주는 게임'의 시대입니다.

예를 들어 회사원은 회사에 가서 일하고 일한 시간을 회사에 파는 것입니다. 자기 능력과 시간을 파는 것이지요. 간단히 말해서 시급 3천 원인 사람이 4천 원의 일을 하면 회사는 이득을 봅니다. 그럼 4천 원만큼 일하고 3천 원밖에 받지 못하는 사람은 손해일까요? 그렇지 않습니다. 경제의 시대에서는 이득을 준 사람이 '승자'입니다. 그래서 경제의 시대를 '이득을 주는 게임'의 시대라고 하는 것입니다.

과거 일본의 전자 제품은 품질도 좋고 가격도 저렴해서 해외에서 큰 인기를 끌었습니다. 그런데 지금은 한국이나 대만 등의 기업이 동일한 품질의 제품을 더 저렴하게 생산하고 있습니다. 품질이 똑같다면 더 저렴한 제품을 구입하는 사람이 이득을 보게 됩니다. 이것이 바로 경제입니다.

# #
이득을 주는 사람이
이기는 시대입니다

요즘은 누군가에게 이득이 되는 일을 한 사람에게 돈이 흘러갑니다. 세상의 이치가 그렇지요. 전쟁은 상대방에게 피해를 준 사람이 이겼지만 그러한 시대는 끝났습니다. 이제는 '누군가에게 이득을 주는 게임'의 시대라 할 수 있습니다. 예를 들어 2백만 원의 월급을 받는 직원이 있다고 합시다. 그러면 회사는 그 직원에게 주는 월급 이외에도 책상이나 사무용품, 사무실 임대료 등의 비용을 더 내야 합니다.

또 직원은 화장실에서 물도 쓰고 휴지도 씁니다. 회사는 이런 비용은 물론 보험의 절반도 부담해야 합니다. 따라서 2백만 원의 월급을 받는 회사원이라면 4백만 원 이상의 수익을 내야 회사에 손해를 미치지 않게 됩니다. 그래서 요즘 시대의 유능한 직원이란 자신의 월급보다 훨씬 더 많은 실적을 올리는 사람을 말합니다.

이것이 바로 제가 생각하는 경제입니다. 그래서 저는 남에게 이익이 되는 일을 하고 기쁘게 하는 것이 좋습니다. 취미로 일을 한다고 해도 과언이 아닙니다. **다시 말하지만 지금은 남에게 이득을 줄 수 있는 사람이 승자입니다. 회사에 가면 그 회사에 이득을 주고, 책에서 좋은 문구를 발견하면 친구에게 알려주는 등 주변을 둘러보면 남에게 이득이 되는 일은 얼마든지 있습니다.**

또한 자신이 알고 있는 것을 남에게 가르쳐줄 때는 친절하고 알기 쉽게 설명하는 등 그러한 방법은 수없이 많습니다. 가르쳐주기만 하는 사람보다는 편하게 다가와 물어볼 수 있는 사람이 되면 더 좋지 않을까요? 이렇게 자신의 존재가 누군가에게 이득이 되는 사람이 바로 이 시대의 승자이자, 정답입니다. 신은 지금 그런 사람을 바라고 있습니다.

"

요즘은 누군가에게
이득이 되는 일을 한 사람에게
돈이 흘러갑니다.
세상의 이치가 그렇습니다.
이렇게 자신의 존재가
누군가에게 이득이 되는 사람이
바로 이 시대의 승자이자,
정답입니다.

지금은
웃는 사람이
이득입니다

무사의 시대에는 웃지 않아야 강해 보였지만 지금은 그런 시대가 아닙니다. 웃는 얼굴이 아니면 오히려 이상해 보입니다. 또한 지금은 회사원에게는 회사원의 경제가 있고, 사장에게는 사장의 경제가 있습니다. 이를 아는 사람은 반드시 성장합니다.

간혹 자신은 '고객'이라며 매장에 가서 이것저것 요구하는 사람이 있는데, 앞으로 이런 사람은 대접받지 못할 것입니다. '방해만 될 뿐이다.'는 말을 듣는 사람은 어디를 가도 민폐니까요. '고객인데 당연히 그렇게 해줘야 하는 것이 아닌가요?'라며 핑계를 대는데, 더는 이런 핑계도 통하지 않는 시대가 올 것입니다.

거듭 말하지만, 저는 남에게 도움이 되는 사람이 되고 싶습니다. 예를 들어 열심히 일하고 세금을 많이 내면 일본이라는 나라에 저는 '있어 줘서 고마운 존재'가 됩니다. 그리고 일본에 있어 줘서 고마운 존재인 저는 '나라에게 이득'을 보게 됩니다.

그리고 몇 만 명의 사람들이 '히토리 씨가 있어 줘서 도움이 된다.'라고 여기면 저에게도 이득이 되는 일이 생깁니다. **지금은 그런 시대로 서로 죽이는 시대는 끝났습니다. 서로 도움을 주고받는 게임의 시대, 즉 남에게 얼마만큼의 이득을 주고 있는지가 중요한 시대가 됐습니다.**

만일 당신이 가게를 운영하고 있다면 당신은 이웃에게 얼마만큼의 이득을 주고 있나요? 아무것도 주고 있지 않다면 "딱히 주는 것이 없어도 적어도 웃는 얼굴로 이웃을 대하는 등 공짜로 할 수 있는 일은 많아요."라고 말하겠습니다. 그것조차 안 하고 있다면 "그것도 안 합니까?"라고 핀잔을 주고 싶습니다.

주변에 파리만 날리는 국숫집이 있다면 그 집은 국수가 맛이 없거나, 가게 안이 더럽거나, 친절하지 않기 때문입니다. 가게 안을 깔끔하게 청소하고, 친절하게 손님을 대하며, 맛있는 국수를 만들기 위해서 끊임없이 노력한다면 반드시 성공합니다. 이렇듯 어려운 일은 없습니다.

그런데 장사가 안되는 국숫집의 주인일수록 노력을 전혀 하지 않습니다. 휴일에 다른 음식점을 찾고, 국수의 깊은 맛을 연구하거나 성공하려는 노력 말입니다. 성공하고 싶다면 휴일에 장사가 잘되는 국숫집에 찾아가서 몇 그릇이 되었건 먹어보고 맛을 연구해야 합니다. 그렇게 노력하지 않기 때문에 휴일에 주인조차 찾지 않는 맛없는 가게로 전락하고 마는 것입니다. 자신도 가고 싶지 않은 가게를 운영하면서 손님이 와주길 바라는 것이야말로 이상한 일이 아닌가요?

# #
'이득을 주는 게임'의
시대입니다

계속 말하지만 21세기는 '이득을 주는 게임'의 시대입니다. 우리는 어떻게 하면 회사에 이득을 줄 수 있을까요? 어떻게 하면 사회에 이득을 줄 수 있을까요? 정답은 자신이 할 수 있는 일을 묵묵히 하는 것입니다.

"좋은 취직자리가 어디 없을까요?" 하고 일을 찾는 사람에게 "예를 들어 어떤 자리요?"라고 물어보세요. 만일 "당연히 월급도 많이 주고 휴가도 많이 주면서 안정적인 자리지요."라고 답한다면 이 사람은 자신의 입장에서 자신의 이득만을 생각하는 사람입니다. 미안하지만 이런 사람에게 "당신의 인생은 비극적일 겁니다."라고 말해주고 싶습니다. 왜냐하면 지금은 이득을 주는 게임의 시대니까요. 시대에 맞는 삶의 방식을 터

득하지 못하면 결국 자신만 괴로워질 뿐입니다.

과거에는 남자다운 남자가 인기가 많았습니다. 남자답지 않으면 돈을 벌지 못했으니까요. 하지만 지금은 여성도 트럭을 운전하는 등 다양한 직업을 갖게 됐습니다. 이제 여성들이 원하는 남성상은 더 이상 남자다운 남자가 아닙니다. 이상적인 남성상은 달라졌지요. 이처럼 만일 어떤 남자가 여성들에게 인기가 많길 바란다면 여성에게 이득이 되는 사람이어야 합니다.

신은 여자에게 향상심을 주셨습니다. 그래서 자신을 향상시켜 줄 수 있는 남자를 좋아하고 사귀고 싶어 합니다. 더 이상 끼니 걱정을 하지 않게 해주는 남자가 아닙니다. 그리고 자신의 성장을 방해하는 남자를 제일 싫어합니다.

"이것도 하지 마!", "저것도 하지 마!"가 아니라 "일이든 뭐든 다 해봐!", "실패해도 내가 먹여 살릴 테니까."라고 말해줄 수 있는 남자가 인기가 많습니다. 왜냐하면 여자에게 이득이 되니까요. 이처럼 요즘 시대는 남편이든 누구든 서로에게 이득을 주는 존재여야 합니다.

저 또한 마찬가지입니다. 이 책의 독자들에게 손해를 끼치면 안 되니까 열심히 책을 썼습니다. 인세를 받지 않아도 돈은 충분하고 유명해지고 싶은 하나도 없지만, 제자들이 신세를 지고 있는 출판사의 부탁이라서 그에 부응하고자 노력했습니다.

저는 강연회에 와달라는 부탁을 받아도 강사료를 받지 않습니다. 그렇다고 설렁설렁하지는 않습니다. 강연회에 와준 사람들이 행복해질 수 있도록 온 힘을 다해 이야기합니다. 참석한 사람들에게 이득을 주지 못하는 사람은 되고 싶지 않기 때문입니다.

주변을 둘러보면 '사장'이라며 으스대는 사람이 있는데, 으스대는 것만큼 꼴불견은 없습니다. 이러한 행동은 남에게 불쾌감을 주고, 이것만으로 이미 다른 사람에게 이득을 주지 못하는 존재가 됩니다. 그래서 저는 "와주서서 참 좋았어요!"라는 말을 들을 수 있는 사람이 되고 싶습니다. 그러기 위해서는 자신의 기분을 스스로 조절하고 분위기에 맞출 줄 아는 것이 매우 중요합니다. 저는 사람들이 내 눈치를 살피거나 기분을 맞추도록 하지 않습니다. 항상 기분이 좋기 때문이지요.

이런 사람이 쓴 책을 읽었다면 '누군가와 만나서 행복하다.' 혹은 '이런 이야기를 듣게 돼서 행복하다.'가 아니라, 당신 자신이 '만나서 좋았어요.', '이야기를 듣게 돼서 좋았어요.'라는 말을 들을 수 있는 사람이 됐으면 좋겠습니다.

힘든 때가 바로
배워야 할 때입니다

주변을 둘러보면 돈 때문에 고생하는 사람이 있습니다. 이런 사람은 돈 때문에 고생하는 것이 아니라 한창 돈에 대해 배우고 있는 것입니다. 돈 때문에 하는 고생은 경제적인 관념이 없어서 겪는 것입니다. 그래서 자식이 돈 문제로 걱정할 때, 부모가 돈을 대주면 부모도 곤란해지고 자식도 배울 기회를 잃게 됩니다. 결국 또 다른 곳에서 돈 문제로 곤란해지게 됩니다. 이럴 때는 부모가 "ㅇㅇ야, 현명하게 잘 처리해라."라며 자식이 스스로 해결하도록 해야 합니다. 그래야 부모도 자식도 돈에 대해 배울 수 있습니다.

이렇듯 모든 문제는 '신이 내준 문제'라고 여기고 남의 탓으로 돌리거나 불평해서는 안 됩니다. 예를 들어 '부장이 이상해서 일이 잘 안되는 거야.'가 아니라 '부장 한 명 하고도 좋은 관계를 맺지 못하는데, 다른 사람들하고 잘 지낼 수 있겠어?'라고 여겨야 합니다.

그리고 부장이 어떤 말을 들으면 좋아할지를 살펴보세요. '죽어도 아첨은 못 떨겠어.'라고 말하는 사람이 있는데, 딸기 파르페를 아무리 좋아한다고 하더라도 낚시할 때에 딸기 파르페를 낚싯줄에 매다는 사람이 있나요(하하)? 아무리 싫어도 지렁이나 갯지렁이 등을 써야 하고, 낚고 싶은 물고기가 좋아하는 것을 낚싯밥으로 매달아야 물고기를 잡을 수 있지요. 이처럼 단순하게 '게임'이라고 여기면 됩니다.

예를 들어 따르기 힘든 화 많고 거친 성격의 부장이 직장 상사라고 해봅시다. 우선은 이 상사에게 인정받을 수 있도록 열심히 일합니다. 한 명에게라도 인정을 받지 못하면 안 되니까요. 그런데 그렇게 노력해도 매번 혼나기만 한다면 "항상 저를 위해서 좋은 조언을 해주셔서 감사합니다.", "부장님만큼 저에 대해 잘 아시고 혼내주시는 분은 없습니다."라고 말합니다.

상대방이 어떤 말을 던지면 자신은 그 이상의 것을 말하면 됩니다. 그런 게임이니까요. '부장한테 혼났어. 너무 싫어.'가 아니라 상대방이 보자기를 내면 자신은 가위를 내밀면 됩니다. **인생은 언제나 '한발 늦게 내는 가위바위보 게임'과 같습니**

다. 이미 나온 결과에 잘 대처하면 그만입니다. 화를 내는 부장은 언제나 화를 내기 마련이니 상대방의 행동에 따라 자신의 대처 방법을 바꾸면 됩니다.

누군가는 "상대방이 달라지기를 기다리면 되지 않을까요?"라고 하는데, 내가 아닌 남은 절대로 달라지지 않습니다. 만일 달라진다고 해도 아마 그때는 당신의 배움이 끝났을 때일 것입니다. 따라서 우리는 상대방에게도 기쁨이 되고 자신도 타협할 수 있는 방법을 내놓으면 됩니다. 이를 위해서 신은 우리에게 지혜를 준 것입니다.

자연계에 관한 공부는
점차 쉬워집니다

앞에서도 언급했지만 눈앞의 문제를 해결하면 그 위에, 또 그 위에 다른 문제가 나타납니다. 하지만 위로 올라가면 올라갈수록 점차 해결은 쉬워집니다. 요컨대 자연계에 대한 공부는 점점 더 어려워지지 않습니다.

장사를 시작하고 나서 가장 어려운 시기는 집세를 내고 세끼를 먹을 수 있게 될 때까지입니다. 대나무에 비유하자면 맨 아랫마디에 해당합니다. 이 시기를 잘 넘기면 한동안은 불편함 없이 위로 올라갈 수 있습니다. 그런데 얼마가 지나고 나면 또다시 문제가 생깁니다. 하지만 처음보다는 문제해결이 간단하고 수월합니다. 그리고 열심히 하면 또다시 이 시기를 넘길 수 있습니다.

대부분의 사람들은 위로 올라가면 갈수록 어려워진다고 합니다. 하지만 자연계는 그렇지 않습니다. 빌딩도 위로 올라갈수록 가볍게 지으니까요. 학교 공부만 일부러 위로 올라갈수록 어렵게 만들어 놓은 것입니다. 그래서 뭐든지 제일 처음이 어렵지요. 예를 들어 회사원의 경우는 당장 눈앞에 있는 상사가 제일 대하기 어렵습니다. 하지만 그 상사가 자신을 인정해 주면 그다음 상사는 조금 수월하게 대할 수 있습니다.

또한 가까운 사람일수록 대하기 어려운 법입니다. 그 이유는 신이 준 수행이기 때문입니다. 특히 부부가 그렇습니다. 하지만 배우자는 자신이 선택한 사람이지 않은가요. 제일 큰 수행이 될 사람을 스스로 선택한 것입니다.

그러므로 우리는 남편과 아내를 바꿔서는 안 됩니다. 원래의 남편과 원래 그런 아내와 행복해지는 방법을 터득해야 합니다. 그러기 위해서는 자신이 변해야 합니다. 지금의 배우자와 행복하면 비로소 배우자도 변하게 됩니다. 신이 정한 법칙이 그렇습니다. 일단 자신이 변하면 배우자는 물론 주변의 모든 것들이 변합니다.

반대로 자신은 가만히 있고 상대방을 바꾸려 든다면 절대로 바뀌지 않습니다. 그럴 때는 차라리 '나는 뭐든지 할 수 있다!', '세상에 안 되는 것은 없다!'고 여기면서 노력해 보세요.

단, 계속 노력했는데도 고통스럽다면 그만둬야 합니다. 정말로 좋은 방법은 모두에게 좋은 것입니다. 상대방에게만 좋은 것은 좋은 방법이 아닙니다. 신은 절대로 우리에게 희생을 강요하지 않습니다. 신이 내준 문제는 아내에게도 좋고 남편에게도 좋은 것입니다.

그리고 또 한 가지, 이 세상에 이상적인 부부란 없습니다. 아무리 미인이라도, 아무리 미남이라도 함께 있으면 언젠가 질리기 마련이고 결국 서로 지치게 됩니다. 그러므로 부부는 서로에게 감사하는 마음을 갖는 것이 가장 중요합니다. 즉, 서로에게 도움이 되는 관계이어야 하고 서로 감사하는 사이가 돼야 합니다.

여담이지만, 어릴 적에 제 아버지는 누가 보더라도 일을 하지 않았습니다. 어머니는 그런 아버지를 보고 "정말이지 베짱이가 따로 없구나. 네 아버지는 일을 안 해도 너무 안 하시는구나!"라며 불평했는데, 그때마다 저는 속으로 '제가 소개해 드린 게 아니잖아요.'라고 말했습니다. 어머니는 그런 사람을 인생의 수행 상대로 선택했던 것입니다.

"

부부는 서로에게
감사하는 마음을 갖는 것이
가장 중요합니다.
즉, 서로에게 도움이 되는
관계이어야 하고
서로 감사하는 사이가
돼야 합니다.

# #
자신에게
이득이 되는 것을
생각합니다

인생이란 주어진 환경 속에서 행복해지는 게임과 같습니다. 그래서 우리는 상대방을 바꾸려 해서는 안 됩니다. 카드게임이든 뭐든 자신에게 주어진 카드나 상황에 불평한다면 절대로 이길 수 없습니다. 그러므로 우리는 이 세상에 일어나는 모든 일을 자신에게 이득이 된다고 여겨야 합니다. 자신에게 손해가 되는 것은 하지 마세요. 손해가 되는 것을 한들 이득이 되는 것은 하나도 없으니까요.

중요한 것은 세상 사람들이 보기에 당신의 사고방식이 '옳은지, 그른지'가 아니라, 당신에게 '이득이 되는지, 아닌지'입니다. 세상에도 도움이 되고 자신에게도 도움이 된다면 금상첨화일 것입니다. 그래서 저는 나 자신에게도 긍정적이고, 모든 이에게도 도움이 되는 사람이 되고 싶습니다. 자신에게는 손해지만 주변 사람들에게 도움이 된다거나, 그 반대의 경우는 되고 싶지 않습니다.

앞으로의 시대는 '남에게도 자상하고, 자신에게도 자상'해야 합니다. 저는 남에게도 자상하고 자신에게도 자상합니다. 남에게는 자상하지만 자신에게는 엄격한 사람은 되고 싶지 않습니다. 그래서 항상 모든 이에게 도움이 되는 것을 하는데, 이런 것이 결국에는 나 자신에게 이득이 되기도 합니다.

지금의 저는 사람들에게 "저는 비록 중학교밖에 졸업하지 못했지만 남들보다 빨리 사회에 나와서 이득을 봤습니다."라고 이야기하지만, 만약 제가 대학에 입학해서 졸업하게 된다면 "학력도 역시 중요합니다."라고 말할 것입니다. 왜냐하면 나 자신에게 불리한 것은 말해봤자 이득이 되지 않기 때문입니다.

여담이지만 마쓰시타 고노스케(松下幸之助)[7]는 초등학교밖에 다니지 못했습니다. 그러므로 제가 승자입니다. 왜냐하면 지금은 학력 사회니까요(하하). 이렇듯 우리는 자신에게 불리

---

7) 일본의 유명한 가전 업체인 마쓰시타 전기 산업의 창업자이다.

하거나 이득이 되지 않는 것을 하면 안 됩니다. 그래서 저는 누군가에게 상담을 부탁받으면 그 사람에게 도움이 되는 것을 하기는 합니다. 누구를 만나더라도 그 사람에게 이득이 되는 것을 말해줍니다.

계속 말하지만 앞으로의 시대에는 남에게도 자상하게, 자신에게도 자상하게 해야 합니다. 만일 '남에게는 자상하게, 자신에게는 엄격하게' 한다면 일이 잘 풀리지 않고 틀어질 것입니다.

따라서 고민거리가 있을 때는 심각하게 고민하기보다 자기 자신을 달래면서 좋은 방법을 찾는 것이 좋습니다. 심각하거나 부정적인 의견을 내놓을 필요가 없습니다. 자기 자신에게 이득이 되는 사람이 되세요. 그리고 한 발 더 나가 동료에게도 이득이 되고 상사에게도 이득이 되는, 그런 사람이 되세요. 그러면 결국 최종적으로 이득을 보는 사람은 자기 자신이 될 것입니다.

가게도 마찬가지입니다. 손님이 '가야 한다면 그곳에 가는 것이 이득이다.'라고 할 수 있는 가게가 돼야 합니다. 그리고 어차피 봐야 할 얼굴이라면 '네 얼굴이 보고 싶다.'고 언급되는 사람이 돼야 합니다.

과거에는 뭘 하든, 뭘 사든, 선택지가 많지 않았습니다. 하지만 지금은 뭐든지 자유롭게 선택할 수 있는 시대가 됐습니다. 그러므로 우리는 선택받는 가게, 선택받는 사람이 돼야 합니다. 회사원이라면 고용주가 고용하고 싶어 하는 사람이 되고, 사장이라면 직원들이 '이런 사람 밑에서 꼭 한번 일해보고 싶다.'는 마음이 드는 사람이 되세요. 회사가 망해도 거래처에서 '이 사람만은 우리 회사에 영입하고 싶다.'고 인정받을 수 있도록 하세요. 이처럼 남에게 도움을 준다는 것은 매우 중요합니다.

66

계속 말하지만 앞으로의 시대에는
남에게도 자상하게,
자신에게도 자상하게 해야 합니다.
만일 '남에게는 자상하게,
자신에게는 엄격하게' 한다면
일이 잘 풀리지 않고
틀어질 것입니다.

지혜를 쌓아온
자신을 알아야 합니다

#

　힘든 일이 생겼을 때, 만일 당신이 스물다섯 살이라면 25년 간 살면서 쌓아온 지혜로 그 하루를 살아가세요. 그러면 내일 은 하루분의 지혜가 쌓인 내가 됩니다. 이와 마찬가지로 서른 살에게는 30년간의 지혜가, 40세에는 40년간 살면서 쌓아온 지혜가 있습니다. 만일 자신은 이제 젊지 않다며 부정적인 말 을 하는 사람이 있다면 "그런 생각은 버리세요!"라고 말해주 고 싶습니다. 그런 말을 한들 아무에게도 이득이 되지 않으니 까요.

　앞에서도 언급했지만 파리만 날리는 국숫집은 국수가 맛 이 없거나, 가게가 더럽거나, 손님에게 불친절한 것 중에 원 인이 있습니다. 그런데도 주인이라는 사람은 휴일에 다른 국숫집에 가서 국수를 먹어보고 무엇이 문제인지 고민하지 않습니다. 그래 놓고 '리먼 쇼크 때문에 우리 가게에 손님이 없는 거야.'라며 핑계를 대는데, 정말이지 '리먼 브라더스에서 일했던 사람들이 당신 가게의 단골손님이었나요?'라고 묻고 싶습니다.

또한 자신에게 아무런 이득도 되지 않는 이유를 말할 겨를이 있다면 "일단 가게 안을 깨끗이 청소하고, 손님을 친절하게 맞이하고, 맛있는 국수를 만들기 위해서 노력하세요."라고 말해주고 싶습니다.

어쨌든 우리는 지금까지 살아온 경험을 바탕으로 오늘 하루를 살면 됩니다. 실연을 당하던, 실패를 하던 경험이 하나 더 늘었을 뿐이니까요. 그렇게 늘어난 경험을 바탕으로 또다시 내일을 살아가는 것입니다. 그렇기에 실패와 실연은 자기에게 좋은 경력이 됩니다. 경력은 그렇게 쌓이는 것입니다. 그다음은 자기를 우울하게 만드는 원인이 되지 않도록 좋은 방향으로 잘 활용해 나가면 됩니다.

우울해한다고 자기에게 이득이 될 것은 아무것도 없습니다. 주변 사람들에게도 마찬가지입니다. 우울한 모습을 지켜보는 것은 주변 사람들이니까요. 우울해하고 힘들어하는 모습은 주변에도 나쁜 영향을 미칩니다. 그보다는 밝고 명랑하

게 살기 위해 노력하세요. 그러면 상대방에게 웃는 얼굴을 보여줄 수 있습니다.

거울을 보지 않는 한 사람은 자신의 얼굴을 볼 수 없습니다. 자신의 얼굴을 보는 사람은 대개 주변 사람들이지요. 사람이 퉁명스러운 표정을 짓게 되는 것은 그런 표정을 정작 자신은 자주 보지 못하기 때문입니다. 남에게 계속 보여줘야 한다면 퉁명스러운 표정보다는 웃는 얼굴이 좋지 않을까요?

# #
자신의 경제를
우선시합니다

자원봉사는 훌륭한 일입니다. 하지만 자기 코가 석 자인데 자원봉사에 참여하는 것은 본말전도이지요. 얼마 전에 수화 활동을 하는 사람을 만났는데, 내게 "수화만 해서는 먹고 살수 없어요."라면서 "수화 활동을 활성화할 방법이 없을까요?"라고 물었습니다. 저의 대답은 "없어요."였습니다.

일은 돈벌이가 되는 것이어야 합니다. 그런데 돈벌이가 된다는 것은 그것을 필요로 하는 수요가 많다는 뜻입니다. 그런데 수화 활동은 훌륭하기는 하지만 그것을 필요로 하는 수요가 별로 많지 않아서 돈벌이가 되지 않습니다. 따라서 평일에는 자신의 생활을 유지할 수 있는 일을 하고, 주말이나 공휴일에 수화 활동을 하는 것이 옳다고 말합니다.

신은 자신의 생활을 망치면서까지 남을 도우라고 하지 않습니다. 제일 먼저 행복해져야 할 사람은 자기 자신입니다. 이렇게 한 사람씩 행복해지면 이 세상에서 불행한 사람은 사라질 것입니다. 간혹 주변을 둘러보면 자기 자신도 제대로 건사하지 못하면서 다른 사람을 도우려는 이가 있는데, 이는 잘못된 행동입니다. 어찌 되었든 자신이 제일 먼저 행복해져야 합니다. 자기 자신이 행복해지는 것이 이 세상에서 불행한 사람을 한 명 줄일 수 있는 가장 확실한 방법이지 않은가요?

저는 신에게 '우선 자기 자신이 행복해져야 하고 행복해졌다면 그 방법을 주변 사람들에게 널리 알려주거라.'라는 가르침을 받았습니다. 자기 자신을 행복하게 할 수 없는 사람은 다른 사람을 행복하게 할 수 없습니다. 방정식을 풀지 못하는 사람이 다른 사람에게 풀이 방법을 가르쳐줄 수 있을까요?

이 세상은 남도 중요하지만, 우선 자기 자신이 중요합니다. 자신을 소중히 여기지 못하는 사람은 남도 소중히 여기지 못합니다. 그래서 남에게도 자상하게, 자신에게도 자상해야 합니다. 흔히 '남에게는 자상하게, 자신에게는 엄격하게'라고 하는데, 이는 틀린 말입니다. 자신에게 엄격한 사람은 누구에게든 엄격합니다. '남에게는 자상하게, 자신에게는 엄격하게'처럼 이중적인 행동은 불가능합니다.

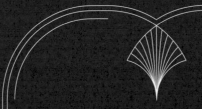

5

일이란
이런 것입니다:
일의 원리

세상은
도리를 따릅니다

세상의 이치를 다른 말로 '도리(道理)'라고 합니다. 즉, 세상
은 도리를 따릅니다. 저는 16살에 사회에 첫발을 내디뎠고 남
들보다 고생을 좀 했습니다. 부모님은 제가 고생하는 것을 원
치 않았기 때문에 대학에 진학하라고 권했지만, 저는 부모님
의 말씀을 듣지 않았기에 고생은 당연한 결과였습니다.

물속에 들어가면 온몸이 물에 젖고 바닷물은 짭니다. 당연
하지요. 이와 마찬가지로 일하러 가서 고생하는 것은 당연한
일입니다. 월급을 받는다는 것은 그런 것입니다. 다시 말해서
'일하러 간다'는 것은 일터에서 싫은 일을 하기 때문에 그 대가
로 돈을 받는 것입니다. 그런데 '이런 일도 싫다, 저런 일도 싫
다'며 불평하는 사람을 보면 한심하기 짝이 없습니다.

우리가 디즈니랜드에 가면 신 나는 이유는 돈을 쓰기 때문입니다. 하지만 똑같은 디즈니랜드라도 인형 탈을 쓰고 일하는 사람에게는 덥고 짜증이 나는 곳이 될 수 있습니다. 일은 그렇게 힘든 것입니다. 이럴 때 보통 사람은 "힘들어 죽겠어!"라며 투덜대지요.

하지만 중요한 것은 "제가 인형 탈을 쓰고 있으면 이곳에 놀러 온 사람들이 즐거워해요. 그러면 저도 기분이 좋아지죠."라고 말할 수 있느냐 없느냐입니다. 대개는 '일이 너무 힘들어요.' 혹은 '부장이 화를 내요.'라며 불평하는데, 부장은 화를 내는 것이 자기 일입니다. 그런 일로 일일이 괴로워한다면 본인만 피곤해질 뿐이지요.

만일 당신이 회사원이라면 출근해서 반드시 회사에 이득이 되는 일을 하고 돌아와야 합니다. 앞에서도 언급했지만, 예를 들어 200만 원의 월급을 줘야 하는 직원이 있다면 회사는 월급 이외에 고용보험이나 의료보험 등을 부담합니다. 그리고 책상과 의자도 마련해주고 사무실 임대료도 냅니다. 직원이 화장실에서 사용하는 수도세도 냅니다. 따라서 200만 원의 월급을 받는다면 500만 원 이상의 매출을 올려야 비로소 "우리 회사에서 일해 줘서 고맙네."라는 말을 들을 수 있습니다.

그러므로 회사가 당신을 고용해서 이득을 봤다고 말할 수

있을 때까지 열심히 일하세요. 그저 월급만 받기 위해서 몸만 왔다 갔다 해서는 안 됩니다. 회사가 수익을 올릴 수 있도록 일하기 위해서 회사에 가야 합니다.

반면 자신이 이득을 보려는 요량으로 앞에 나서면 반드시 손해를 보게 됩니다. '회사는 나를 고용했으니 반드시 이득을 볼 거야.'라고 말합시다. 이런 마음으로 일하는 사람이 별로 없으니 본인이라도 그런 마음가짐으로 출근하도록 하세요.

앞서 말했듯이 저는 강연을 부탁받아도 강사료를 받지 않습니다. 그렇다고 강연을 대충대충 하지는 않습니다. 항상 강연회에 참석한 사람들을 위해 혼신의 힘을 다하지요. 그래서 사람들은 저를 만나고 싶어 합니다. 이렇게 책을 쓸 때도 '독자들에게 손해가 되지 않도록 해야지.' 하는 마음가짐으로 열심히 글을 씁니다. 손해를 끼치는 사람은 미움을 사니까요.

우리는 누구를 만나도 그 사람에게 이득이 될 수 있는 사람이 돼야 합니다. 그러면 결국에는 본인이 가장 큰 이득을 얻게 되고, 제일 큰 사랑을 받게 됩니다. 그것이 바로 '도리'라는 것입니다.

훼방꾼이 있기에
인생은 즐겁습니다

회사에 출근해서 천국의 언어를 쓰고 있으면 어디선가 "그렇지 않아요."라고 말하는 사람이 나타나기도 합니다. 이럴 때 '저 사람은 내 말을 그렇지 않다고 부정하니까 짜증 나! 미워 죽겠어!'라고 말하기 쉬운데, 그렇게 여기지 않도록 노력하세요. 축구도 상대편 선수, 즉 훼방꾼이 있어야 재미있습니다. 골키퍼도 없이 '자, 넣고 싶은 만큼 마음껏 넣으세요.'라면 과연 재미있을까요?

자신이 아무리 옳은 일을 하더라도 반대하는 사람은 반드시 있습니다. 그 사람은 당신의 인생을 한층 더 재미있게 해주는 역할을 맡은 것입니다. 그러므로 반대하는 사람을 보면 '오늘도 내 인생을 재미있게 해주고 있구나.'라고 말하세요.

어떤 일이든 자신에게 유리한 쪽으로 말하는 것이 '이득을 얻는 삶'입니다. 회사에 가서도 그렇게 말하세요. 또한 즐겁게 자신의 업무를 마치고 아직 일이 덜 끝난 사람이 있으면 도와 주세요. 그리고 나서 무슨 일이든지 자신의 상황에 유리한 쪽 으로 말하세요. 만일 하고 싶은 일이 두 가지가 있다면 '두 마 리의 토끼를 잡으려다가 한 마리도 못 잡는다.'가 아니라, '일 망타진'의 자세로 임하세요.

예전에 어떤 사람이 "달도 차면 기운다는 속담을 아시나 요?"라고 내게 물었습니다. 저는 "알고 있습니다. 그런데 혹시 제 얼굴이 달로 보이십니까?"라고 되물었습니다. 인간은 한계 가 없는 창조물인데, 달이 차고 기우는 것에 비교하면 어쩌란 말인가요?

즐겁게 산다는 것은 즐거운 일을 하는 것입니다. 다른 사람 이 자신을 즐겁게 해주길 바라서는 안 됩니다. 아무것도 없어 도 '나는 즐겁다.'고 말하면 즐거워집니다. 그것이 말에 깃든 신비한 힘입니다.

에디슨은 전구를 발명하기 위해서 전기를 빛으로 바꾸는 필라멘트를 찾으려 노력했습니다. 그가 몇천 번의 실험을 거 듭하자, 주변 사람들은 '그렇게 실패만 하면 질리지 않습니 까?'라고 물었습니다. 하지만 에디슨은 몇천 번의 실험을 실패라고 말하지 않았습니다. 필라멘트에 적합하지 않은 물질을 하나 더 발견했다고 말했습니다. 성공하는 사람은 성공할 때까지 끊임없이 노력합니다. 잘 안된다고 실패했다며 금세 포기한다면 절대로 성공할 수 없습니다.

"

'즐겁게 산다.'는 것은
'즐겁게 한다.'는 것입니다.
다른 사람이 자신을 즐겁게 해주길
바라서는 안 됩니다.
아무것도 없어도 '나는 즐겁다.'고
말하면 즐거워집니다.
그것이 말에 깃든 신비한 힘입니다.

# #
간단한 방법을
추천합니다

'납세자 1위'가 되자고 결심했을 때 '토지 거래는 하지 않는
다.', '주식 거래는 하지 않는다.' 등 저만의 규칙을 정했습니다.
또한 '다른 회사의 인재를 몰래 빼돌리지 않는다.', '지금 있는
사람들과 무슨 일이 있건 함께 일한다.' 등 일부러 어려운 규
칙을 정했습니다.

저는 이렇게 규칙을 정하는 것을 좋아합니다. 하지만 이런
방식을 다른 사람에게 추천하고 싶지는 않습니다. 지키기 어
렵기 때문입니다. 그래서 다른 사람들에게는 좀 더 간단한 방
법을 알려주고 있으며 제자들에게도 저처럼 살라고 말하지는
않습니다.

따분한 것을 싫어해서 언제나 어려운 일에 도전합니다. 타고난 성격이 그렇습니다. 그렇다고 다른 사람에게 어려운 일을 하라고 강요하지 않습니다. '좀 더 편안한 방법으로 빨리 행복해져라.'고 말합니다.

행복해지려면 지금 당장 행복해야 합니다. 행복의 기준은 자신이 정하는 것이기에 지금 있는 그대로 행복하면 그것이 행복입니다. 행복한 사람은 어디를 가든 행복합니다.

하지만 많은 사람들이 행복을 밖에서 찾습니다. 저는 아침에 눈을 뜨면 행복하다고 말합니다. 밥을 먹을 수 있으면 행복하다고 합니다. 맛있다, 맛없다고 말하지 않습니다. 이제 어렴풋이 아시겠어요?

우리는 행복해지려고 노력하면 안 됩니다. 지금 당장 행복하다고 말해야 합니다. 그리고 행복한 상태에서 움직여야 합니다. 만족이란 지금에 만족하는 것입니다. 행복은 밖에서 찾는 것이 아니라, 지금 당장 행복하다고 말하는 것입니다.

그래서 행복하다고 말할 때 뭔가를 바라면 안 됩니다. 그 어떤 것도 지금과 바꿔서도 안되고요. 지금 있는 그대로 지금의 부모와, 지금의 회사에서, 지금의 상사와 행복하다고 말해야 합니다. '그 상사만 없다면…' 하고 바라면 안 됩니다. 그렇게 말해도 상사는 건강하게 회사에 잘만 나옵니다. 그런 말을 해봤자 행복해질 수 없습니다. 만일 이직하고 싶다면 지금 다니는 회사에서 행복한 다음에 이직해야 합니다. 그렇게 하면 반드시 다음 회사에서도 행복할 수 있습니다.

올바른
득실에 관한
이야기

세상이 말하는 득실(得失)과 제가 말하는 득실에는 차이가 있습니다. 서로 반대입니다. 예를 들어 세상 사람들은 "이왕 취직한다면 좋은 회사에 들어가는 것이 좋아요."라고 말하는데, 저는 좋은 회사에 들어가는 것보다 "어떤 회사이건 자신이 좋은 직원이 되는 편이 빠르고 간단하지요."라고 말합니다.

만일 자신이 받는 월급이 200만 원이라면 회사는 월급 이외에 사무용품, 보험료 등을 부담해야 하므로 300만 원의 수익을 내지 않으면 안 됩니다. 결국 좋은 직원이 되기 위해서는 500만 원어치의 일을 해야 합니다.

이렇게 우리는 회사에 이득을 주는 직원이 되도록 노력해야 합니다. 좋은 회사에 들어가서 회사에서 주는 이득만 챙기

려는 직원은 결국 가장 큰 손해를 보게 됩니다. 따라서 사장이 '당신을 고용하길 잘했다.'고 말할 수 있는 직원이 돼야 합니다. 출세도 '이득을 주는 게임'과 같습니다.

제가 성공할 수 있었던 것은 누구에게든 이득을 주려고 노력했기 때문입니다. 상대방에게 이득을 주는 사람이 나중에는 가장 큰 이득을 얻게 됩니다. 보통은 상대방이 손해를 보면 자신은 이득을 본다고 여기기 마련인데, 이런 관계는 절대로 오래가지 않습니다.

그리고 회사원의 경쟁 상대는 다른 회사의 직원이 아닙니다. 회사원이 씨름 선수와 경쟁을 벌이는 건 아니니까요. 씨름 선수의 적은 씨름 선수입니다. 즉, 회사원의 경쟁 상대는 같은 회사의 직원입니다. 중요한 것은 얼마나 회사에 이득을 줄 수 있는 사람이 되느냐입니다. 그러므로 회사를 위한 가장 현명한 해결책을 찾으려고 노력하거나, 사내에서 다른 직원들과 즐겁게 경쟁하면 됩니다.

이와 같은 이치로 여자에게 인기가 많길 바라는 남자는 남자들끼리의 싸움에서 이겨야 합니다. '여자에게 인기가 있었으면 좋겠다.'며 여자 꽁무니나 졸졸 쫓아다니면 안 됩니다. 그런 사람은 스토커입니다. 그보다도 남자들끼리의 싸움, 즉 일에서 이기면 여자는 자연스럽게 따라붙게 됩니다.

그렇다면 일에서 이기는 것이란 무엇일까요? 일단 사장이 돈을 벌 수 있도록 열심히 일하고 동료들을 돕는 것입니다. 자신의 업무를 재빨리 처리하고 동료의 일을 돕도록 하세요. 그리고 일에 쫓기지 말고 자신이 일을 좇아야 합니다.

또한 실수 때문에 혼났다고 우울해해서도 안 됩니다. "저를 위해서 쓴소리도 해주시고 감사드립니다.", "부족한 점이 있으면 더 지적해 주세요."라고 말하세요. 그러면 설령 실수했더라도 상대방에게 좋은 인상을 남길 수 있습니다.

이 세상은 즐거운 게임과 같습니다. 그리고 혼나는 것은 지는 것이 아닙니다. 남에게 혼이 나도 기분 좋게 넘기세요. 이렇게 일을 좇다 보면 자연히 자신의 표정도 바뀌어서 일에 쫓기는 사람과는 전혀 다른 표정을 짓게 될 것입니다. 직장에 출근해서 일을 하는 것은 당연합니다. 그러므로 하기 싫은데 억지로 일해서는 안 됩니다. 적극적인 자세로 즐겁게 신 나게 일하세요.

66

제가 성공할 수 있었던 것은
누구에게든 이득을 주려고
노력했기 때문입니다.
상대방에게 이득을 주는 사람이
나중에는 가장 큰 이득을
얻게 됩니다. 보통은 상대방이
손해를 보면 자신은 이득을 본다고
생각하기 마련인데,
이런 관계는 절대
오래가지 않습니다.

# #
즐겁게 일하는 것이
멋진 것입니다

모든 사람이 행복을 좇지만 저는 제 자신이 행복합니다. 그래서인지 사람들은 저를 따릅니다. 하지만 그 사람들은 정작 저와 반대로 행동합니다. 또한 저는 멋진 삶을 살고 있습니다. 그래서인지 다른 사람들은 저를 좋아합니다.

모름지기 남자라면 마땅히 일을 해야 합니다. 그러나 억지로 한다면 인생의 낙오자가 될 것입니다. 제 입으로 말하기 그렇지만, 저는 중학교 때까지 제가 천재인 줄 알았습니다. 그래서 일하지 않아도 되는 방법을 찾으려고 했었지요.

어렸을 적에 저는 아버지가 일하는 모습을 본 적이 없었습니다. 반대로 어머니는 열심히 일해서 어머니 같은 여성과 결혼하면 평생 일하지 않아도 된다고 말했습니다. 하지만 한편으로는 아버지의 모습이 무척 싫었습니다. 빈둥대는 아버지가 싫었고, 어머니에게 얹혀 사는 것도 탐탁치 않았습니다.

그런데도 저는 '천재니까 일하지 않아도 되는 방법이 있을 거야.'라고 생각했습니다. 당시는 10억을 은행에 넣어두고 이자만 받아도 먹고 살 수 있는 시대였습니다. 하지만 그 당시의 저에게 그런 돈은 없었습니다.

여러 생각을 했지만 역시 일하지 않고 먹고 살 수 있는 방법은 없었습니다. 그래서 그다음으로 생각한 것이 '어차피 일해야 한다면 즐거운 마음으로 일하자.'였습니다.

세상에
이상한 일은
없습니다

이 세상에서 일어나는 일 중에는 이해할 수 없는 일, 즉 이상한 일은 아무것도 없습니다. 회사에서 열심히 일하고 사회성이 좋아서 붙임성이 있으면 주변 이들에게 사랑받습니다. 이는 이상한 일이 아닙니다. 이런 기본적인 일을 하지 않고 무조건 이상하다고 지적하는 사람이 이상한 것이지요.

저는 일본 납세 1위를 기록했고 일도 열심히 하고 있습니다. 이렇듯 기본적인 일을 다 했으니 평소에 제가 이상하다고 생각했던 일을 하나 이야기하고자 합니다.

가끔 저를 만나러 오는 이들 중에는 "히토리 선생님의 좋은 기운을 받아서 복권에 당첨되려고 왔습니다."라고 말하는 사람이 있습니다. 그런데 저는 복권에 당첨된 적이 단 한 번도

없는데, 과연 가능할까요? 복권을 사본 적도 없고 당첨된 적도 없는데 말입니다. 장사를 해서 성공한 적은 있으니까 그 비법을 물으러 오는 것이라면 이해가 갑니다. 그런데 복권에 당첨되는 방법은 저에게 물어도 아무 소용이 없습니다.

저를 따르는 소중한 제자들이 "저 사람들은 좀 이상해."라는 말보다는 "역시 히토리 선생님의 제자구나!"라는 말을 들었으면 좋겠습니다. 그래서 혹시 제자 중에 여성에게 인기가 많았으면 하고 바라는 사람이 있다면 먼저 남자들끼리의 싸움에서 이기라고 말해주고 싶습니다. 주문을 외운다고 인기가 많아지지는 않으니까요.

또한 씨름 선수는 눈앞의 상대 선수를 쓰러뜨리고, 회사원은 눈앞에 놓인 일을 열심히 처리해야 합니다. 우리는 일에 쫓기며 살아서는 안 됩니다. 그리고 이 세상에 사는 한 어차피 경쟁은 피할 수 없습니다. 이 세상은 그런 곳입니다. 파트타이머라도 "이 사람, 채용하길 잘했어."라는 말을 들을 수 있게 노력할 수밖에 없습니다.

관심과 주목을 받으면
즐겁습니다

만일 '회사가 너무 재미없어요!'라고 불평하는 이가 있다면, 이는 본인이 회사에서 주목 받지 못하기 때문입니다. 있으나 마나 한 존재라면 회사는 재미없습니다. 하지만 누군가에게 필요한 사람이 되면 어디를 가든 즐겁습니다.

사장이라면 누구나 좋은 직원을 원합니다. 그러므로 당신이 좋은 직원이 되면 됩니다. 저는 "우리 가게에 좋은 손님은 안 오나?"라고 불평하는 이에게 "좋은 방법을 하나 알려줄게요. 본인이 다른 가게에 갔을 때 좋은 손님이 돼 보세요."라고 조언합니다.

예를 들어, 국숫집은 점심 12시부터 1시까지가 한창 바쁠 때입니다. 그런데 국수를 다 먹고 나서 손님이 신문을 떡하니

펼쳐 놓고 읽는다면 어떻겠어요? 손님들로 북적이는 가게에 갔다면 거의 다 먹었을 즈음해서 자신이 직접 "여기 거의 다 먹어가요."라고 말해보세요.

그리고 다 먹고 나면 얼른 일어나서 다음 사람에게 자리를 양보하세요. **이렇게 당신 스스로 좋은 손님이 되면 반드시 당신 가게에도 좋은 손님이 찾아옵니다. 이 세상은 파동으로 이루어집니다. 그러므로 좋은 일이 좋은 일을 불러옵니다.**

'자상함'은 자신보다 약한 처지인 사람을 배려할 수 있느냐 없느냐입니다. '손님은 왕이다.'라는 말처럼, 손님이 되면 가게 주인보다 위치가 높아집니다. 그렇다고 으스대서는 안 됩니다. 약한 처지에 있는 사람을 배려해야 합니다.

'사랑'은 상대방의 입장을 배려해주는 것입니다. 자신의 입장만 생각하는 것은 에고이지요. 예를 들어 스토커는 자신만 사랑할 뿐, 상대방의 입장을 배려하지 않습니다. 그래서 사랑은 누구를 사랑하느냐가 중요합니다. 자신만 사랑하면 주변 사람들에게 손해를 끼치게 됩니다.

저는 별로 저 자신에 대해 말하지 않고, 주변 사람들이 행복해지도록 열심히 노력합니다. 그런데 이렇게 하면 주변 사람들이 저를 칭찬해 주거나 신경을 써줍니다. 그래서 저에 대해 별로 걱정하지 않지만 몇백 명, 아니 몇천 명의 사람들이 저를

응원해 줍니다. 그 덕분인지 무슨 일이든지 자연스럽게 잘 풀
립니다.

돈을
가질 수 있는
법칙

사람들은 "히토리 씨처럼 부자가 되고 싶어요."라고 하는데, 돈을 갖는 데도 법칙이 있습니다. 그 사람의 특기가 사회에 도움이 될 때 비로소 돈이 들어오게 되어 있습니다.

노래 실력이든 야구 실력이든 뭐든지 괜찮습니다. 음악이나 운동에는 재능이 없지만 웃는 표정에 일가견이 있다면 그것을 갈고닦으면 됩니다. 그러면 "웃는 얼굴이 너무 예쁘고 보기 좋네요. 우리 회사 직원들의 스마일 교육 좀 맡아주세요."라든가 책을 써달라는 등의 제안을 받을 수도 있습니다. 이렇게 반드시 길이 열리게 됩니다.

그렇다면 특기란 무엇일까요? 특기는 노력의 결과입니다. 하나만 열심히 노력하면 됩니다. 그것이 세상에 도움이 된다면 돈은 저절로 들어오게 되어 있습니다. 저에게 영혼을 맑게 하는 정령(浄靈) 방법을 배운 사람들이 현재 전국 각지에서 봉사 활동을 하고 있는데(지금은 본업이 바빠서 가르치지 않습니다), 그들에게 저는 "돈을 한 푼도 받지 마세요."라고 말합니다. 그런데 그들은 이상하게도 돈이 부족하지 않습니다. 모든 이들에게 도움이 되는 일은 신에게도 도움이 되는 일이기 때문입니다. 그래서 신은 절대로 공짜로 일하게 내버려두지 않으며, 그렇다고 희생도 강요하지 않습니다. 오히려 신은 희생을 싫어합니다. 왜냐하면 사람은 신의 자식들이니까요.

따라서 성공하려면 긍정적인 자세로 남에게 도움이 되는 일을 하면 됩니다. 매사에 부정적이고 우울해하면 아무 이유 없이 일이 잘 풀리지 않습니다.

부름을 받은 곳이
수행 장소입니다

결혼하는 이유는 바로 수행을 위해서입니다. 대부분의 사람이 궁합을 묻는데, 그에 대한 대답은 앞에서도 언급했지만 '수행하는 데에 최고의 상대이기 때문에 서로 끌리는 것'이고 결혼하는 것입니다.

회사도 그 사람이 수행하는 데에 가장 적합한 회사에서 그 사람을 부르게 되어 있습니다. 그래서 "천직이란 무엇입니까?"라는 질문에 저는 이렇게 대답합니다. "지금 하고 있는 일입니다."라고 말입니다.

사람들은 자신이 일을 선택했다고 믿는데, 실은 일의 부름을 받은 것입니다. 또한 부름을 받은 곳에 가면 반드시 자신의 수행에 맞는 사람이 있습니다.

우리는 인과(因果)를 풀기 위해서, 이 세상에서 수행하기 위해 태어났습니다. 하지만 그것을 놀면서 수행하는 '유행(遊行)'이라고 말할 것인지, 아니면 힘들고 고통스러운 '고행(苦行)'이라고 말할 것인지는 자기 자신에게 달려 있습니다.

이처럼 유행과 고행은 모두 인과를 푸는 수행입니다. 그런데 힘든 일이 닥쳤을 때 '아, 나는 전생에 남에게 그런 일을 저질렀는지도 몰라. 하지만 이제 모든 것이 풀렸으니 다시 행복해지겠구나.'라고 말할 것인지, 아니면 '왜 나한테는 이런 일만 생기는 거야?'라며 고통스러워할지는 자기 자신에게 달린 것입니다. 어떻게 말하든 결국에는 즐기면서 하는 편이 일이 잘 풀립니다.

경쟁보다는
협력입니다

　세상 사람들은 '경쟁하는 것이 낫다.'고 하는데, 그보다 저는 '협력하는 것이 낫다.'고 여깁니다. 학교 시험은 남의 시험지를 몰래 훔쳐봐도 안 되고, 다른 친구들에게 자기 시험지를 보여줘도 안 됩니다.

　하지만 사회는 그렇지 않습니다. 모르는 사람이 있으면 가르쳐주고, 못하는 사람이 있으면 도와줘야 합니다. 즉, 10명이 모르는 부분을 서로 가르쳐주면 10명 모두가 100점을 받을 수 있고, 결국 1,000점을 얻을 수 있습니다.

　어느 선생님이 제 이야기에 크게 공감하여 학교로 돌아가 학생들과 '보여주기 게임'을 했다고 합니다. 그랬더니 학생들 모두 100점을 맞았고 따돌림도 없어졌다고 합니다.

이런 이야기를 하면 "그건 이상적인 이야기이고, 현실은 그렇지 않아요."라고 말하는 사람이 있습니다. **하지만 이상은 이룰 수 없다고 포기하는 것이 아닙니다. 가까이 다가가기 위해서 노력해야 합니다. 그것이 바로 이상입니다.** 사실 휴대폰은 만화 속에 등장했던 물건입니다. 하지만 지금은 모두가 너무나도 당연하다는 듯이 사용하고 있지요. 이상에 가까이 다가가려고 노력한 결과입니다.

우리는 항상 주변 사람들과 경쟁하려고 하는데, 가장 중요한 것은 '자신을 이기는 것'입니다. 오늘의 저는 어제의 나보다 하루를 더 공부했으니 그만큼 더 현명해지고, 더 크게 성장했습니다. 그렇기 때문에 어제의 저에게 오늘의 저는 지지 않습니다. 한 걸음이라도 앞으로 나아간다면 아무리 높은 이상이라도 확실하게 매일 한 걸음씩 그 이상에 가까이 다가갈 수 있습니다.

다른 사람과 경쟁하는 것은 자신이 얼마만큼 성장했는지를 확인하기 위해서입니다. 자신의 성장을 스스로 알기는 어려우니까요. 일본에서는 겨루기 시합이 끝나면 승부와 관계없이 서로 인사를 주고받습니다.

이때 진 사람은 '당신 덕분에 나 자신의 부족함을 알게 되었습니다.'라는 뜻에서 고개를 숙이고, 이긴 사람은 '당신 덕분에

내 실력이 나아진 것을 알게 되었습니다.'라는 뜻에서 고개를

숙입니다.

위로 올라가면
길을 잃지 않습니다

우리는 영혼의 성장을 위해서 태어났습니다. 그래서 가게는 손님에게 이익이 되도록 노력하고, 직원은 회사에 이득이 되려고 열심히 일합니다. 그렇게 위를 향해서 위로, 위로 성장해 나갑니다.

이렇게 위로 올라간 사람 중에 길을 잃고 헤매는 이는 없습니다. '길을 잃는다'는 것은 옆길로 샜다는 의미입니다. 위를 목표로 올라갔다면 가야 할 정상은 하나뿐입니다. 옆길로 새거나 아래로 내려가려고 하면 길을 잃게 됩니다.

요컨대 인생에서 길을 헤맬 때는 위로 올라가는 것을 그만두었을 때입니다. 따라서 우리는 끊임없이 자신을 향상하려고 노력해야 합니다. 예를 들어 사람들 앞에서 이야기하는 것도 '오늘은 이 부분을 조금만 더 말해 봤으면 좋았을 텐데.'라며 오늘보다 내일을 향해 조금이라도 나아지려고 노력하면 반드시 눈앞에 가야 할 길이 나타납니다. 그리고 자신을 위로, 위로 이끌고 올라가면 하늘에 있는 신이 이끌어줍니다.

그러므로 옆길로 새지 마세요. 인생에서 가장 편한 것은 위로 올라가는 일입니다. 왜냐하면 마음속에는 인력이 없고, 옆으로 가면 따분하고 아래로 떨어지면 비참해지기 때문입니다. 아래로 내려가면 편할 것 같지만 그렇지 않습니다. 영혼을 향상시키는 것이 편해지는 길이지요. 그래서 회사에 출근하면 좋은 직원이 되는 것이 편하고 좋습니다. 해보면 알겠지만 대답을 척척 잘하고 일을 잘 처리하는 편이 편하고 좋습니다.

"자네는 항상 대답이 시원시원하네."라는 칭찬을 듣는 편이 자신에게도 좋고 주변 사람들에게도 좋지 않을까요?

이렇듯 세상은 위로 올라갈수록 좋아집니다. 아내는 남편의 단점을 고치기보다 스스로 위로 올라가려고 노력해야 합니다. 그러면 남편이 달라질 것입니다. 다른 사람도 마찬가지입니다. **'이렇게 됐으면 좋겠다.'며 바꾸려 들지 말고 '그 사람은 그런 사람이야.'라고 여기고 대하세요. 그러면 전혀 딴사람이 될 것입니다. 그것이 바로 인간의 습성입니다.**

6

세상이란
이런 것입니다:
세상의 이치

성공하기 전의
기초가 중요합니다

얼마 전에 "성공의 법칙을 알려주세요."라고 부탁받은 적이 있습니다. 그때 저는 "물론 알려줄 수 있어요. 그런데 그 전에 기초를 알아야 합니다. 그래야 일이 잘 풀린답니다."라고 말해주었습니다.

이번 장에서는 '기초'에 대해서 이야기하고자 합니다. 물론 성공하기 전에 알아야 할 기초조차 믿지 않는 사람도 있을 것입니다. 그래도 괜찮습니다. 어차피 이 책은 '별난 사람'이 쓴 것이니까요(하하). '이런 이야기도 있구나.' 정도로 여기면서 읽어주시길 바랍니다.

사람에게는 영혼이 있고 영혼은 죽지 않습니다. 그래서 사람은 몇 번이나 다시 태어납니다. 영혼의 성장을 위해서입니다. 또한 지금을 살고 있는 사람에게는 세 가지의 세계가 존재합니다. 전생과 현생, 그리고 내생입니다. 이와 마찬가지로 사후에도 세 가지의 세계가 있습니다. 인간은 죽으면 천국에 가거나, 지옥에 가거나, 부유령(浮遊靈)[8]이 됩니다.

제가 이 세상을 살면서 정한 삶의 기준은 '지옥에 가지 않는 삶의 방식을 따른다.'입니다. 물론 부유령도 되고 싶지 않습니다.

그런데 제가 신에 관한 이야기를 하면 십중팔구 '사이비? 종교?'라며 비꼬는 사람들이 있습니다. 그럴 때면 정말이지 아무 말도 하고 싶지 않아요. 이래 봬도 저는 일본에서 납세자 1위를 기록한 사업가입니다. 그래서 신이나 정령에 관한 이야기는 정말로 하고 싶지 않습니다. 이것이 제 진심이자 속내입니다.

하지만 이 부분이 항상 문제입니다. '지옥에는 어떤 사람이 가는가?' '몰라서 할 수 없는 것'과 '알면서도 하지 않는 것'에는 큰 차이가 있습니다. 저는 어떤 사람이 지옥에 가는지를 알고 있습니다. 알고 있기 때문에 기적을 일으킬 수도 있고, 영혼을

---

8) 승천하지 못하고 특정한 목적도 없이 여기저기를 떠돌며 방황하는 영혼을 말한다.

맑게 하는 정령도 가능합니다. 예를 들어 눈앞에 고통스러워
하는 사람이 있는데, 그 사람을 도울 수 있으면서도 돕지 않는
사람은 지옥에 떨어집니다.

또한 누군가가 길을 물어보는데 만일 자신도 모른다면 "죄
송하지만 저도 이 근방은 잘 모르겠어요."라고 말하면 되지만,
알면서도 가르쳐주지 않는 사람은 죄를 짓는 것입니다. 그래
서 저는 신이나 정령에 관한 이야기를 할 수밖에 없습니다.

**삶의 방식도 그렇습니다. 자신이 알고 있는 것, 또는 할 수
있는 것을 통해서 남에게 도움이 되는 삶의 방식을 선택하는
것이 바로 성공의 법칙이고, 행복하게 사는 방법입니다.** 그리
고 현생에서 눈에 보이는 것만 믿고 사는 사람과, '이 세상에는
전생도, 현생도, 내생도 있고 천국도, 지옥도 있다'고 믿고 사
는 사람의 인생은 전혀 다릅니다.

내가 태어난 것은 부모가 나를 낳아줬기 때문이고 죽으면
그것으로 인생은 끝난다고 믿는 사람과, 내가 이 세상에 태어
난 데는 의미가 있고 이는 전생에 다하지 못했던 일을 현생에
서 이루고 내생에서도 행복하게 살기 위함이라고 믿는 사람
의 인생은 전혀 다릅니다.

그래서 저는 신을 믿습니다. 그 덕분에 부자가 될 수 있었다고 말합니다. 그리고 죽은 후에 지옥에 가고 싶지 않고 내생에서도 행복해지고 싶습니다. **지옥에 가지 않는 삶의 방식은 결국 현생에서 행복하게 사는 것입니다.** 다시 말해 천국에 가는 삶의 방식이란 현생에서 행복하게 사는 것입니다. 이제 좀 이해가 되나요?

저는 마음속으로 하고 싶지 않은 일이 있어도 지옥에 가고 싶지 않기 때문에 합니다. 즉, '고민하지 말고 해라!'가 아니라, '고민하더라도 좋으니 하라!'는 것입니다.

저에게 정령 방법을 배운 사람들이 매일 전국 각지에서 기적을 일으키고 있습니다(지금은 정령 방법을 가르치고 있지 않습니다). 이렇게 기적이 일어나도 기적을 믿지 않는 사람들은 상당히 많습니다. 그렇다고 믿어달라는 이야기는 아닙니다. 인연이 있는 사람이라면 언젠가 반드시 저와 만나서 이해하게 되리라고 믿습니다. 그래서 이 책을 쓰려고 한 것입니다.

저는 교주가 되거나 유명 인사가 되고 싶지 않습니다. 신에 관한 이야기를 하면 사람들은 저를 '종교가'라고 착각하는데, 이러한 사실이 불편하고 싫습니다. 또한 기적을 일으키면 나를 '대단한 사람'처럼 여기는데, 이것 또한 그렇습니다. 전국 각지에서 기적이 일어나는 것은 제가 대단하기 때문이 아닙니다. 대단한 존재는 제가 말하는 신과 신을 믿고 기적을 일으키는 사람들이지요.

제가 믿는 신을 독자들 앞에 꺼내어 보여줄 수는 없습니다. 하지만 보이지 않는다고 해서 존재하지 않는 것은 아닙니다. 예를 들어 공기는 눈에 보이지 않습니다. 하지만 보리가 바람에 일렁이는 모습을 보면 그곳에 바람, 즉 공기가 있다는 것을 알 수 있습니다. 이와 마찬가지로 저와 제자들, 애제자들은 기적을 일으키고 있습니다. 그 '이치'를 알면 제가 말하는 것도 믿을 수 있지 않을까요?

재차 언급하지만, 저는 사람들 앞에 나서거나 유명 인사가 되고 싶지 않습니다. 하지만 저밖에 그런 일을 할 수 있는 사람이 없다면 그 역할을 해야 한다고 말합니다.

사람은 누구나 고민하고 방황합니다. 이대로 좋은지, 올바른 것인지 알지 못합니다. 그래서 두려워합니다. 하지만 용기를 내서 실행에 옮겨보세요. 용기란 두려워하지 않는 것이 아닙니다. 두려워도 실행에 옮기는 것이 바로 용기입니다. 처음부터 두려워하지 않는 사람은 둔한 사람입니다.

저는 두려워도 실행에 옮기고, 하고 싶지 않아도 해야 하는 일이라면 합니다. 왜냐하면 지옥에 가고 싶지 않기 때문입니다. 아마도 이 세상의 모든 사람도 지옥에 가고 싶지는 않겠지요. 결국 모든 사람이 지옥에 가지 않는 삶의 방식을 선택하면 이 세상은 천국이 됩니다.

주변을 둘러보면 깊은 산 속에 들어가서 세찬 폭포수를 맞거나, 벽을 보고 몇 시간이나 좌선하는 등 힘든 수행을 하는 사람들이 있습니다. 그러나 이런 수행을 해도 영혼은 맑아지지 않습니다. 오히려 감기에 걸리거나, 부유령이 들러붙을 수 있습니다(하하). 만일 세찬 폭포수를 맞아서 영혼이 맑아진다면 폭포 밑에서 헤엄치는 잉어는 모두 정령이 가능한 것이 아닌가요(하하)?

"

용기란
두려워하지 않는 것이 아닙니다.
두려워도 실행에 옮기는 것이
바로 용기입니다.
처음부터 두려워하지 않는
사람은 둔한 사람일 따름입니다.

영혼에 따라
성장하는 방식이
다릅니다

영혼과 환생의 원리를 알면 여러 가지 일들을 이해할 수 있습니다. 흔히 성격이나 인간성은 태어나고 자란 환경이나 부모의 훈육 방법에 따라 결정된다고 하는데, 실은 그렇지 않습니다.

예를 들어 어떤 아이가 반듯하게 잘 자랐다고 합시다. 이는 그 아이의 영혼이 맑기 때문에 착하게 잘 자란 것입니다. 그런데 부모 중에는 이를 착각하고 행실이 나쁜 아이를 보면 "우리 아이는 이렇게 착한데, 저 아이는 왜 저러는 거야? 도대체 부모가 교육을 어떻게 시킨 거야?"라고 말하는 사람이 있습니다.

어쩌면 이 부모는 '우리 아이가 이렇게 훌륭한 것은 내 교육법이 좋았기 때문이다.'라고 자랑하고 싶은 것일지도 모릅니다. 그러나 이는 잘못된 행동입니다. 본래 불량한 성품을 갖고 태어난 아이는 비뚤게 자랄 수밖에 없습니다.

환경이 중요하다고 하지만, 곧게 뻗은 삼목나무 사이에 소나무를 심어도 소나무는 굽어 자랍니다. 주변이 똑바르게 자란다고 소나무가 똑바로 자랄까요? 그렇지 않습니다. 그래서 좋은 부모 밑에 반드시 좋은 아이가 태어난다는 것은 틀린 말입니다.

부모 중에 유독 잔소리가 심한 사람이 있는데, 만일 그런 부모 밑에서 자란 아이가 밝고 착하다면 잔소리해서 그런 것이 아니라 본래 좋은 성품을 지니고 태어났기 때문입니다.

이럴 때는 '나처럼 부족한 부모 밑에서 훌륭하게 커 줘서 고마워.'라고 감사해야 합니다. 그런데 자신이 아이를 잘 키운 것이라며 자만하는 부모가 있습니다. 의사 집안에서 태어난 아이가 자상한 부모 밑에서 자랐어도 깡패가 되는 일도 있고, 깡패 집안에서 태어난 아이가 의사가 돼서 다른 사람을 돕겠다고 하는 경우도 있습니다. 즉, 아이가 태어날 때 어떤 영혼이 아이의 육체로 들어가느냐에 따라 달라집니다.

신은 깨달음을 주기 위해서 똑같은 일을 보여줍니다

간혹 자신은 나쁜 일을 하지 않았는데 친척 중에 누군가가 범죄를 저질러서 사람들에게 손가락질을 받는 경우가 있습니다. 보통 이런 상황일 때 주변 이들은 안쓰러운 마음에 "본인이 저지른 일도 아닌데 너무 안됐네. 불쌍해."라고 말합니다. 그런데 이런 말을 듣는 사람일수록 오히려 남의 집 일에 "글쎄 저 집에서 범죄자가 나왔다지 뭐예요."라고 떠들고 다니기 쉽습니다.

우리 주위에는 악의는 없지만 뒷말하기 좋아하는 이들이 있습니다. 그런데 신기하게도 그런 뒷말을 했던 사람은 언젠가 자신이 그런 말을 듣게 되는 일이 생깁니다. 손가락질 당한 사람의 심정을 깨달으라고 신이 그렇게 만드는 것입니다.

그래서 우리는 그런 말을 듣지 않도록 처신을 똑바로 해야 합니다. "그 집 애는 태도도 불량하고…."라고 말하면 언젠가 자기 자식이 혹은 손자 중에 불량한 아이가 태어나고, 똑같이 손가락질당하게 됩니다. 그러므로 신이 그런 일을 보여주기 전에 그만둬야 합니다.

또한 전기를 쓰는 것이 당연하고 물이 나오는 것이 당연하다는 등 뭐든지 쓰는 것이 당연하다고 말하면 신은 깨달음을 주기 위해서 '당연하지 않다.'는 사실을 보여줍니다. 아내가 "남편은 바람피우지 않는 것이 당연해."라고 말하면 남편은 바람을 피우게 됩니다. "월급을 받아 오는 것이 당연해."라고 말하면 어느 날 남편은 월급을 갖고 오지 않게 됩니다.

이렇게 신이 직접 보여주기 전에 우리는 당연하지 않다는 사실을 깨닫고 감사해야 합니다.

사이토 히토리 방식의
'해몽'

죽는 꿈을 꾼 사람은 죽은 사람의 심정을 알게 됩니다. 그래서 꿈속에서 경험한 것은 현실에서 일어나지 않습니다. 죽는 꿈을 꿨으니까 그 꿈이 현실로 이루어지는 것이 아니냐며 걱정하는데, 그 꿈을 계속 떠올리지 않으면 됩니다.

교통사고가 나는 꿈을 꿨다면 꿈속에서 이미 경험한 일이므로 현실에서는 일어나지 않습니다. 그런데 아침에 꾼 꿈이라며 불안해하면 불안이 불행을 불러옵니다.

우리는 다양한 경험을 하기 위해서 이 세상에 태어났습니다. 생활하면서 겪는 경험도 있고, 꿈속에서 겪는 경험도 있습니다. 그래서 나쁜 경험은 가능한 한 꿈속에서 하는 것이 낫습니다. '꿈을 꾼다는 것은 신이 지켜준다.'는 뜻입니다. 그것이

243

진정한 해몽입니다.

　그런데 사람들은 이를 반대로 말합니다. 해몽가 중에 불길한 것만 말하는 사람이 있는데, 이는 나쁘게 말해서 사람들을 무섭게 해야 돈을 받을 수 있기 때문이겠지요.

'이치'를 알면
모든 것을
알 수 있습니다

제가 보기에는 많은 이들이 세상의 이치에 대해 잘 모르는 것 같습니다. 예를 들어 남성의 습성과 여성의 습성을 알면 모두 행복해질 수 있습니다. 남자에게 바람피우는 습성이 있다는 것을 알면 '우리 남편은 바람피우지 않고 집에 들어와 줬어.'라며 고마움을 느끼게 될 것입니다. 그리고 여자에게 옷이라면 천 벌이라도 갖고 싶어 하는 습성이 있다는 것을 알면 '내 월급에 맞춰서 세 벌만 사는 아내가 참 고맙군.' 하는 마음이 들 것입니다.

이렇게 세상의 이치를 알면 서로에게 감사하게 되고, 우리가 태어난 이유가 그런 경험을 하기 위해서라는 사실도 깨달을 수 있습니다. 우리는 신이 직접 이러한 사실을 보여주기 전

에 달라져야 합니다.

우리는 경험하기 위해서 이 세상에 태어났습니다. 그러므로 무서운 꿈을 꿨다면 '아, 꿈이라서 다행이다.'라고 여기고 꿈을 있는 그대로 받아들이면 됩니다. 그러면 나쁜 일은 일어나지 않습니다. 단, 반성해야 할 부분은 반성해야 합니다. 이렇게 살면 삶은 즐거워집니다.

결국 이 세상에는 신이 우리 편이 되어 주고 우리를 도와주는 삶의 방식이 존재하는데, 그것은 '획일적으로' 도덕성을 늘어놓는 삶의 방식은 아닙니다.

> 우리는 경험하기 위해서
> 이 세상에 태어났습니다.
> 그러므로 무서운 꿈을 꿨다면
> '아, 꿈이라서 다행이다.'라고 여기고
> 꿈을 있는 그대로 받아들이면 됩니다.
> 그러면 나쁜 일은 일어나지 않습니다.

# #
신이 존재하므로
기적은 일어납니다

저는 기적을 일으키는 것을 좋아합니다. 그래서 "그런 일이 가능하다고요?", "절대로 안 될 겁니다. 불가능해요."라는 말을 들으면 청개구리처럼 오히려 더 기적을 일으키고 싶어집니다(하하).

'아무리 말해도 할 수 없는 것'이 좋습니다. 그래서 '무엇을 할까?'를 고민할 때까지 시간이 걸리는 편입니다. 그렇지만 일단 하고 나면 그 답을 찾는 데에 몇 초밖에 걸리지 않습니다.

자주 전국을 돌아다니며 여행하는데, 그 이유는 아이디어가 상품화되는 데 그만큼 시간이 걸리기 때문입니다. 상품화되기도 전에 그다음 단계의 지시를 내리면 직원들이 소화해낼 수 없고 금세 지쳐버립니다. 그래서 관음보살을 보러 절에 가거나, 전국을 돌아다닙니다.

불가능이란 인간의 지혜가 미치지 않는다는 뜻입니다. 그래서 신의 도움이 필요합니다. 예를 들어 인간이 아무리 노력해도 해결할 수 없었던 문제가 인간의 노력과 신의 도움이 합쳐졌을 때 기적적으로 해결되기도 합니다. 저는 이런 점이 매우 흥미롭고 즐겁습니다.

어렸을 때부터 저는 신이 존재한다고 믿었습니다. 신이 존재하기 때문에 불가능이 가능으로 바뀌는 것이 아닐까요? 그렇게 불가능을 가능으로 만들 때마다 '아, 역시 신은 존재하는구나!'라고 확인합니다.

죽을 때에 받는
세 가지 질문

죽으면 우리는 신의 앞으로 나가서 두 가지 질문을 받습니다. 하나는 '인생을 즐겼느냐?'이고, 다른 하나는 '타인에게 친절을 베풀었느냐?'입니다. 이렇게 두 가지 질문만 받는 이유는 각자 태어날 때 여러 조건을 정하고 태어나기 때문입니다.

우리는 여러 장애와 조건을 짊어지고도 '행복해지겠습니다.'라며 태어납니다. 그래서 만일 당신이 어떤 병에 걸렸어도 얼마든지 행복해질 수 있습니다.

저에게도 잘하는 특기가 있는가 하면 서툴고 부족한 점도 많습니다. 그래도 항상 밝게 명랑하게 지냅니다.

만일 오늘의 내가 행복하지 않다는 사람이 있다면 '일본 혹은 한국에서 태어나서 행복하다.'고 말해 보세요. 일본이나 한국에서는 총리 혹은 대통령을 비난해도 잡혀가지 않습니다. 지도자를 욕하면 잡혀가는 나라가 꽤 많다는 점을 고려해보면 좋은 일이 아닐까요? 이처럼 지금에 행복해하고, 지금에 만족하면 성공의 파동이 나타납니다.

신이 내린 계시(啓示)

제가 알고 있는 것 중에는 일반인들이 모르는 것이 많습니다. 그렇다고 믿어달라고 말하고 싶지는 않습니다. 왜냐하면 저에게 그것들은 진실이고 당연하니까요. 누군가에게 믿어달라고 강요할 필요가 없으니까 그렇습니다.

제가 말하는 것들은 죽으면 알게 되는 것들입니다. 실제로 신도 존재하고, 천국도 있고, 지옥도 있습니다. 부유령도 존재합니다. 현재 전국 각지에서는 제가 가르친 정령 방법을 행하고 있는 사람들이 늘고 있고, 매일 기적이 일어나고 있습니다 (본업에 전념하느라 지금은 정령 방법을 가르치지 않습니다).

그런데도 사람 중에는 '믿을 수 없다!'고 말하는 이도 있습니다. 우리는 다수가 믿는 것을 옳다고 여기기 마련입니다. 하지만 예를 들어 명문대의 입시 시험에 고난도 문제가 출제됐는데 그 정답률이 매우 낮았다고 해서 그 문제를 틀렸다고 말하지는 않지요. 소수만 알아도 옳은 것은 옳은 것이 아닌가요?

간혹 저를 신으로 여기는 사람들이 있는데, 저는 신이 아닙니다(하하). 지진이 발생했을 때 "히토리 선생님, 제발 도와주세요!"라고 말해도 그 사람을 도울 수는 없습니다. 그래서 그런 말을 듣는 것이 매우 힘들었습니다. 그러던 어느 날 저는 신에게 계시를 받았습니다. '다른 사람들이 나를 신이라고 말하지 않았으면 하고 바라는 것 자체가 이상한 일이다.'라는 계시였습니다.

즉, 인간은 자신을 도와주는 사람을 신으로 여기게 됩니다. 똑같은 인간이라도 예를 들어 괴롭힘을 당하는 사람의 입장에서 생각하면 자신을 괴롭히는 사람은 악마입니다. 다른 사람이 자신을 악마라고 말하는 것보다는 신이라고 말해 주는 삶의 방식을 선택하는 것이 더 낫지 않을까요?

그래서 저는 '신으로 여기지 않았으면 좋겠다.'고 바라기보다 지금은 '신이 주는 기적을 나만이 아니라 좀 더 많은 사람들이 경험하고 알았으면 좋겠다.'고 생각합니다.

우리는 어디를 가든 신뢰받는 인간이 되어야 합니다. 신뢰받지 못하면 자신이 아무리 옳은 말을 해도 상대방에게 똑바로 전해지지 않기 때문입니다. 예를 들어 일도 잘하고 사람들에게 인정받는 사람이 신에 대해 이야기하면 '어디 한 번 들어볼까?' 하는 마음이 듭니다. 하지만 일은커녕 자기 앞가림도 제대로 못 하는 사람은 무슨 이야기를 해도 아무도 들으려 하지 않습니다.

또한 자기 일을 내팽개치고 신에 대해 이야기만 한다면 '저 사람은 좀 이상해. 정신 나간 사람 같아.'라는 소리를 듣게 됩니다. 간혹 '자신이 없어서 말을 못 하겠다.'고 하는 사람도 있는데, 자신감이 있고 없고는 아무 상관이 없습니다. 좋은 이야기를 들었으면 '이런 이야기를 들었다.'고 그대로 말하면 됩니다. 신은 당신이 좋은 이야기를 해준 사람에 대해 얼마나 열심히 배려하고 말했느냐를 유심히 살핍니다. 신은 반드시 보고 계십니다. 그러므로 열심히 했다면 그것으로 족한 것입니다.

주변을 둘러보면 신에게 소원을 빌고 신이 자신에게 도움이 되는 존재이길 바라는 사람이 있습니다. 그런데 이는 잘못된 행동입니다. 자신이 신에게 도움이 되는 존재가 돼야 합니다. 그러면 소원이 이루어집니다. 자신의 소원이 신의 뜻에 부합되면 신은 그 소원을 들어줍니다.

사실 저는 납세자 1위가 되는 것이 내키지 않았습니다. 왜냐하면 다른 사람들의 눈에 띄고 싶지 않았기 때문입니다. 그래서 세무서에 납세 발표를 공개하지 말아 달라고 부탁했습니다. 하지만 들어주지 않았습니다.

대신에 제가 누계 납세액에서도 1위를 기록한 이듬해부터는 고액 납세자 발표가 없어졌습니다. 그것이 신의 뜻이었던 것입니다. 그럼 신은 왜 저를 납세자 1위로 만들고 싶었던 것일까요? 정신적인 이야기를 하도록 하는 데에 내세울 만한 직함이 필요했기 때문입니다. 그래서 저는 납세자 1위가 된 것입니다. 신은 이 세상을 창조한 존재이기 때문에 저 하나쯤 부자로 만드는 것은 식은 죽 먹기입니다.

오직 신이 바라는 것은 우리가 행복해지는 것입니다. 그리고 신은 희생을 바라지 않습니다. 누군가의 희생으로 누군가가 행복해지는 것을 바라지 않습니다. 모두가 다 함께 행복해지기를 바랍니다.

"

주변을 둘러보면
신에게 소원을 빌고 신이
자신에게 도움이 되는
존재이길 바라는 사람이 있습니다.
그런데 이는 잘못된 행동입니다.
자신이 신에게 도움이 되는
존재가 돼야 합니다.
그러면 소원이 이루어집니다.

신을 증명하기 위해 기적을 일으킵니다

신은 나에게 큰 은혜를 주셨습니다. 그래서 '신이 존재한다.'는 사실을 증명하고 싶고, 계속해서 기적을 일으키는 것이 신을 증명하는 방법이라고 여깁니다. 사실 납세자 순위에 매년 오르는 일은 매우 어렵습니다. 그 유명한 마쓰시타 고노스케도 순위에 계속 오르지는 못했습니다. 사업이란 것이 많이 벌어들이는 해가 있으면 그렇지 못한 해도 있기 때문입니다.

또한 납세는 벌어들이는 수입뿐만이 아니라 상속해도 생깁니다. 어느 쪽의 금액이 더 큰가 하면 상속세가 더 큽니다. 그래서 상속세로 납세자 순위에 올라있는 사람은 부모에서 자식으로 이어지는 긴 세월을 승부수로 던집니다. 하지만 저는 1년 365일 매일 이들과 승부를 겨룹니다. 그래서 상당히 힘든 싸움이고 납세자 순위에 오르는 것은 그야말로 기적 같은 일입니다.

오늘날과 같은 과학 만능 시대에 '보이지 않는 것은 믿을 수 없다.'라고들 하는데, 부모와 자식 간의 사랑은 눈에 보이지 않습니다. 이 세상에 눈에 보이지 않는 것은 너무나도 많습니다. 원자도 눈에 보이지 않습니다. 그런데도 원자 폭탄을 만든 이가 있습니다. 따라서 눈에 보이지 않기 때문에 믿을 수 없다고 말하는 것은 이상한 논리입니다.

저는 신을 믿습니다. 그래서 '신이 존재한다.'는 사실을 좀 더 많은 사람이 알았으면 좋겠습니다. 그리고 이런 바람 때문에 일어날 것 같지 않은 기적을 일으키고 있습니다. 제가 말하는 것은 다른 종교를 믿는 사람들이 말하는 것과 다릅니다.

그래서 "어느 쪽이 옳은가요?"라는 질문을 받으면 저는 "당신이 믿는 종교가 옳습니다."라고 답합니다(하하). 왜냐하면 신은 싸우는 것을 싫어하기 때문입니다. 신에 관한 이야기를 하는데 타인과 싸우는 것은 이상한 일이 아닌가요?

저는 사람들 앞에서 이야기할 때 '이건 믿을 수 없는 이야기지만' 혹은 '믿지 않아도 좋으니'라는 것을 늘 전제로 합니다. 진실은 모르는 것이라도 옳으면 사람들에게 전해지게 되어 있으니까요.

조상을
공양하는 것의
의미

조상을 공양하는 것의 진정한 의미는 몇 명의 사람에게 '있어 줘서 고맙다.'는 말을 자손이 들을 수 있느냐 없느냐입니다. 과연 큰 불단을 사는 것이 조상을 공양하는 방법일까요? 그렇지 않습니다. 불단을 제작하는 사람들이나 다른 종교를 믿는 사람들이 하는 말입니다. 소위 말하는 장사꾼들이나 하는 말이지요.

돈도 없고 불단을 놓은 공간도 없으면서 조상 공양이다 뭐다 하며 큰 불단을 놓는 사람들이 있는데, 이는 본말전도입니다. 자손을 그렇게 힘들게 만드는 조상은 없습니다.

불단 안에는 불상이 있습니다. 보통 30분에서 1시간가량 조상을 공양한다며 경문을 외는데, 경문은 부처의 가르침입니다. 부처의 가르침을 부처를 향해 30분에서 1시간가량 외운다니, 해 보면 참으로 이상한 일이 아닐 수 없습니다. 분명히 부처도 "그건 내가 한 말이라네. 이제 알았으니 밖에 나가서 실천하게."라고 말하고 싶을 것입니다.

그렇다고 경문을 외지 말라는 뜻이 아닙니다. 경문을 외고 있으면 잡념이 사라지고, 다른 사람을 헐뜯지 않게 되므로 그런 차원에서는 좋습니다. 하지만 이왕 외울 것이라면 의미를 아는 것이 좋지 않을까요? 그리고 실천에 옮길 수 있다면 더 좋지 않을까요?

어쨌든 조상을 공양하는 가장 좋은 방법은 자손인 당신이 누군가에게 '있어 줘서 고맙다.'는 말을 듣는 것입니다. 당신이 이 세상에 태어날 수 있었던 것은 부모가 있었기 때문이요, 그 부모의 부모가 있었기 때문입니다. 조상이 한 명이라도 없었다면 당신은 이 세상에 태어날 수 없었겠지요.

자식이 칭찬받으면 부모는 기분이 좋아집니다. 그러므로 당신이 주변 사람들에게 칭찬받는 것이 조상을 공양하는 최고의 방법입니다. 단, 조심해야 할 것은 '조상 중에 지옥에 떨어져 고통받는 영혼이 있기 때문에 자신과 가족에게 화가 생긴다.'고 여기는 것입니다. 이런 사람은 언젠가 사이비 종교나 무속 신앙에 빠져 큰돈을 잃게 될 것입니다.

이 세상에는 죄를 짓고 감옥에 가는 사람이 있습니다. 이와 마찬가지로 조상 중 지옥에 간 사람이 있다면 이는 그 조상의 책임입니다. 주변 사람이나 자손이 해결해 줄 수 없습니다. 이는 액막이를 하느냐, 하지 않느냐의 문제가 아닙니다. 죄를 지은 조상은 지옥에서 수행하는 것입니다.

자식이 감옥에 갔다고 부모가 아무리 손이 발이 되게 빌고 무슨 수를 써도 아무 소용이 없는 것과 마찬가지입니다. 또한 30년의 복역 기간이 20년으로 줄어들어 감옥에서 일찍 나오는 것도 그 사람이 감옥에서 노력한 결과지, 누군가가 빌어서 그렇게 된 것이 아닙니다. 다시 말해 주변 사람이 해결해 줄 수 있는 문제가 아닙니다.

그리고 신을 모시는 일을 하는 사람이 불결하거나 더럽다면 의심해 봐야 합니다. 신은 청결한 것을 좋아하기 때문입니다. 신을 모시는 일을 하면 깨끗해집니다. 만일 그런 일을 하는 사람이 깨끗해지지 않는다면 이상한 일이겠지요.

"

어쨌든 조상을 공양하는 가장 좋은 방법은 자손인 당신이 누군가에게 '있어 줘서 고맙다'는 말을 듣는 것입니다. 당신이 이 세상에 태어날 수 있었던 것은 부모가 있었기 때문이요, 그 부모의 부모가 있었기 때문입니다. 조상이 한 명이라도 없었다면 당신은 이 세상에 태어날 수 없었으니까요.

우주를 창조한 신은
존재합니다

우주의 중심에는 우주를 창조한 신이 있습니다. 신은 인간의 형상을 한 것이 아니라, 마치 바다와 같은 존재입니다. 사랑과 빛으로 융합된 존재로 대령(大靈)이라 불립니다. 그리고 우리는 대령에게 '분령(分靈)'을 받았습니다. 즉, 우리의 영혼도 본래는 이 우주를 창조한 대령의 일부입니다. 외국에서는 대령을 '여호와'라고 부르기도 하고, '알라'라고 부르기도 합니다.

중요한 것은 '인간은 죽지 않는다.'는 것입니다. 정확히 말하자면 육체는 언제가 사라지지만 영혼은 영원히 존재합니다. 그래서 우리는 낡은 육체를 벗고 몇 번이나 다시 태어납니다.

이 세상의 것은 반드시 노화됩니다. 그러나 낡은 것은 재생되어 새롭게 다시 태어납니다.

사람의 몸도 신진대사를 반복하면서 세세한 부분은 항상 새롭게 다시 태어납니다. 그리고 육체 전체가 노화됐을 때 몸은 사라집니다. 하지만 육체는 사라져도 영혼은 죽지 않습니다. 몸을 잃은 영혼은 저세상으로 가서 그곳에서 다시 배웁니다. 즉, 죽으면 인간의 영혼은 천국에 가거나, 지옥에 가거나, 부유령이 됩니다.

현재 세계 각지에서는 전생과 환생을 증명하는 일들이 보고되고 있습니다. 예를 들어 어린아이가 전생에 대한 기억을 이야기하거나, 퇴행 수면으로 과거의 기억에서 태어나기 이전의 기억으로 거슬러 올라갔던 이야기를 하기도 합니다. 그리고 그런 일들을 조사해보면 본인이 직접 알 수 없는 사실이기 때문에 전생이 실제로 존재한다고 믿을 수밖에 없습니다.

우리는 이렇게 몇 번이나 이 세상에 다시 태어납니다. 그래서 전생에 좋은 일을 하면 현생에서도 좋은 일이 일어납니다. 반대로 나쁜 일을 하면 나쁜 일이 일어납니다.

"나는 좋은 일을 열심히 하는데 왜 이런 일을 당하는 거지?"라고 말하는 사람은 대개 전생에 나쁜 일을 저질렀기 때문입니다.

확실하게 말해서 '다시 태어난다'는 것은 이 세상에서 배울 것이 있기 때문입니다. 그리고 그 사람이 미숙한 존재이기 때문입니다. 지금도 미숙하기 때문에 2세대 전 혹은 3세대 전에는 훨씬 더 미숙한 존재였을 것입니다. 그래서 쓸데없는 짓을 했던 것입니다.

타인의 죄는
짊어질 수 없습니다

만일 독자분 중에 기독교 신자가 있다면 일단 '미안하다'는 사과부터 하겠습니다. 저는 종교가도 아니고 종교를 비판할 마음은 추호도 없습니다. 기독교에서는 예수님이 모든 이의 죄를 짊어지고 십자가에 매달려 돌아가셨다고 하는데, 인간의 죄는 타인이 짊어질 수 없습니다. 본인이 저지른 죄는 본인이 짊어져야 합니다.

옛말에 '부모가 행한 악업의 결과가 자식에게 나타나 죄가 없어도 재앙을 받는다.'는 말이 있습니다. 그러나 부모의 죄는 부모가 받습니다. 본인은 전생에서 본인이 행한 일만 받습니다.

만일 당신이 통통한 편이라면 본인이 과식했기 때문입니

다. 부모가 과식했다거나 이웃이 과식했기 때문에 통통해진 것이 아닙니다.

선행을 베풀면 좋은 일이 일어납니다. 악행을 저지르면 나쁜 일이 일어나겠지요. 모든 사람은 이런 세상의 이치에서 절대로 벗어날 수 없습니다. 또한 영혼이 천 년 전에 행한 일의 결과가 현생에 이르러 나타나는 일이 있는데, 그 이유는 영혼은 다시 태어날 때 견딜 수 없는 것 또는 극복할 수 없는 과제를 갖고 태어나지 않기 때문입니다. 환생을 거듭하면서 성장하고 현생이 돼서야 비로소 견딜 수 있을 때가 되어 나타나는 것입니다.

특히 우리는 큰 문제일수록 저 세상에서 이 세상으로 환생할 때 '현생에서는 이 문제를 해결하고 오겠습니다.'라고 신과 약속했습니다. 그래서 현생에서 일어나는 문제 중에 극복할 수 없는 문제는 없습니다. 왜냐하면 신과 자신이 '괜찮다.'고 약속을 하고 이 세상에 태어났기 때문입니다.

이러한 윤회와 전생은 옛날부터 전해져 내려온 것입니다. 제가 전하고 싶은 것은 2,500년 전에 석가모니가 했던 말과 똑같습니다. 어쩌면 제가 이렇게 나서서 책을 쓰지 않아도 됐을지도 모르겠습니다. 그러나 요즘 사람 중에는 윤회와 전생, 신을 믿는 사람이 많지 않습니다.

'영혼은 죽지 않는다.', '인간은 다시 태어난다.', '나쁜 짓을 저지르면 내생에 반드시 벌을 받는다.'는 사실을 믿지 않습니다. 인생은 현생이 끝이고 나쁜 일도 들키지 않으면 괜찮다고 여기는 사람이 늘고 있습니다. 분명히 말하지만 이는 잘못된 생각입니다.

66

우리는 큰 문제일수록 저세상에서 이 세상으로 환생할 때 '현생에서는 이 문제를 해결하고 오겠습니다.'라고 신과 약속합니다. 그래서 현생에서 일어나는 문제 중에 극복할 수 없는 문제는 없습니다. 왜냐하면 신과 자신이 '괜찮다.'고 약속을 하고 이 세상에 태어났기 때문입니다.

# #
전생의 노력은
현생으로 이어집니다

    운동이든 음악이든 어떤 분야에 뛰어난 재능이 있는 사람은 사실 전생부터 몇 대에 걸쳐서 그 재능을 갈고닦아온 것입니다. 예를 들어, 어떤 아이가 세 살부터 피아노를 치기 시작했는데 천재적인 재능을 보인다면 그 아이는 전생부터 지금까지 그 재능을 갈고닦았기 때문입니다. 그래서 현생에 이르러 그 재능이 꽃을 피운 것입니다. 그렇지 않은 아이가 세 살부터 시작해서 똑같은 수준으로 발전하기는 매우 어렵습니다.

    따라서 현생에서의 노력은 절대로 쓸모없는 것이 아닙니다. 열심히 노력한 것에 손해는 없습니다. 이와 마찬가지로 예쁘게 꾸미는 것도 재능입니다. 현생에서 예쁘게 꾸미고 있으면 내생에는 더 예뻐집니다.

100세 가까이 된 한 스님이 영어 공부를 시작하자, 주변 사람들이 "그 연세에 영어 공부라니요? 너무 늦은 것이 아닙니까?"라고 물어보았습니다. 질문에 대한 스님의 답은 "내생에 편해질 겁니다."였습니다.

이처럼 '재능을 갈고닦는다'는 것은 다이아몬드의 한쪽 면을 갈고닦는 것과 마찬가지입니다. 다이아몬드는 여러 면이 잘 닦여야 비로소 반짝반짝 빛을 발하지 한쪽 면만 닦아서는 영롱한 빛이 나지 않습니다.

이와 마찬가지로 인간도 여러 방면으로 갈고닦아야 합니다. 그래서 가끔 한쪽 방면을 다 갈고닦은 사람이 강제적으로 다른 쪽 방면을 갈고닦게 되는 일이 있습니다. 예를 들어 투수 선수로 이름을 날렸던 사람이 갑자기 어깨를 다쳐 야구를 그만두게 되고, 영업 사원으로 변신해서 인간관계를 새롭게 배우기도 합니다.

이렇게 '다른 사람보다 뛰어나다'는 것은 그 사람이 전생에서 노력한 결과입니다. 그리고 다른 사람들보다 미숙하다는 것은 전생에 노력하지 않았던 것을 현생에서 배우기 시작한다는 의미입니다.

또한 재능과 관련해서 반드시 주의해야 할 사항이 있는데, 바로 재능은 '양날의 칼'과 같다는 점입니다. 예를 들어 재능이

271

있거나 유능한 사람이라도 재능이 없거나 미숙한 사람을 보고 바보 취급을 한다거나, 아무 말도 하지 않았는데 비웃는다면 나중에 큰 화를 입게 됩니다.

'그런 일로? 별일도 아닌데?'라고 여길지 모르겠지만, 바보 취급을 당하거나 비하를 당한 사람은 영혼에 상처를 입습니다. 그래서 아무리 미숙하고 부족해 보여도 남을 바보 취급하거나 비웃어서는 절대로 안 됩니다.

해서는
안 되는 일이
있습니다

따라서 사람들 앞에서 잘난 척을 하거나 으스대거나 비웃지 말아야 합니다. 반드시 주의하시기 바랍니다. '아무 짓도 안 했는데…'라는 마음이 들지 모르겠지만, 이 두 가지 행동은 매우 나쁜 인과를 남깁니다.

그리고 한 가지 더 주의해야 할 점은 '걱정하는 성격'입니다. 걱정하는 성격은 '병'과 다름없습니다. 이런 사람은 반드시 지옥에 갑니다. 왜냐하면 천국에는 걱정하는 사람이 없기 때문입니다.

'자식이 걱정돼서…'라고 하는데, 자식에게는 자식의 인과응보가 있습니다. 이는 본인밖에 해결할 수 없습니다. 사람은 스스로 극복할 수 있는 역경과 시련을 갖고 이 세상에 태어납니다. 그래서 어떻게든 해결하게 되어 있습니다.

'부모가 자식을 걱정하는 것은 당연한 일이다.'라고 하는데, 내 경우에는 부모는 자식을 걱정하기보다 '신뢰'해야 한다고 생각합니다. '이 아이도 현생에서 열심히 수행하고 있구나.'라며 지켜봐 주고 "너라면 할 수 있어! 괜찮아!"라고 힘을 북돋아 주면 됩니다.

앞으로 3년 이내에 일본의 칸토(關東) 지역에서 큰 지진이 일어날 것이라며 걱정하는 사람이 있는데, 걱정하든 말든 지진은 언젠가 일어납니다. 지진이 일어나도 영혼은 죽지 않습니다. 영혼은 불멸이니까요.

개중에는 '지진이 일어나서 죽으면 어쩌지…'라고 걱정하는 사람이 있는데, 지진으로 죽는 사람은 그것이 그 사람의 수명입니다. 그런 일로 불안해하기보다는 영혼의 성장에 대해 고민하고 대비하는 편이 본인에게 훨씬 좋을 것입니다.

빛과 어둠이 공존할 수 없는 것처럼 사랑과 두려움도 공존할 수 없습니다. 그러므로 중요한 것은 자신이 하는 말에 항상 사랑이 담겨 있고 긍정적이냐 입니다. 그리고 항상 걱정만 끼치는 사람은 악마나 다름없습니다. 그런 악마의 속삭임에는 절대로 귀를 기울이지 마세요.

인과 법칙의 진실

　인과(因果)라고 하면 어딘지 모르게 찜찜하고 무섭게 느껴지는데, 사실 인과는 그런 것이 아닙니다. 그렇게 느껴지는 이유는 그렇게 말해야 돈을 벌 수 있는 사람들이 있기 때문입니다.

　그렇다면 인과란 무엇인가요? 오렌지를 꽉 짜면 오렌지즙이 나오는 것과 마찬가지로, 인과는 손에 쥐고 꽉 짜는 물건이 달라지면 나오는 즙이 달라집니다. 그래서 전생에 선행을 베풀면 좋은 일이 일어납니다. 즉, 인과란 '자신이 뿌린 씨는 자기 자신이 거둔다.'는 것입니다.

　따라서 내가 하고자 하는 말은 남의 탓으로 돌리는 행동을 그만두자는 것이지요. 그리고 나쁜 인과는 끊어버리고 밝은 미래를 열어나가자는 것입니다. 그러기 위해서는 나쁜 인과를 잘라내고 열심히 좋은 씨앗을 뿌려야 합니다. **화장실에 가면 결국 자신이 먹은 음식이 소화되어 나오지 않나요? 다른 사람이 먹은 음식이 나오지 않지요.**

이렇듯 인과는 반드시 찾아옵니다. 자신이 뿌린 씨는 좋은 것이든 나쁜 것이든 기꺼이 자신이 거둬야 합니다. 그 인과를 해결하는 방법은 사랑과 빛, 그리고 인내뿐입니다.

사랑은 자상함, 빛은 밝음, 인내는 무슨 일이든 참는 것이 아니라 자신의 마음을 언제나 사랑과 빛으로 가득 채우는 것입니다. 그것이 인생을 살면서 참지 않고 행복하게 지낼 수 있는 방법입니다.

예를 들어 얄미운 사람을 '기다리고 있다가 한 대 때리는 것'도 해결책 중 하나가 되지만, 그런 행동에 사랑과 빛이 없다면 새로운 인과를 만들 뿐입니다.

인과는 다른 말로 '낳는다'라고 표현할 수 있습니다. '낳는다.'는 것은 어떤 의미일까요? 두루미는 두루미 새끼를 낳습니다. 생쥐는 생쥐 새끼를 낳지요. 두루미가 갑자기 돌연변이를 일으켜서 판다를 낳는 일은 없습니다.

이와 마찬가지로 자신이 누군가에게 한 일과 똑같은 일이 반드시 자신에게도 일어납니다. 예를 들어 당신이 어떤 사람의 발을 밟았다고 합시다. 이때 자기 발이 아니니까 그 사람이 얼마나 아픈지 알 수 없습니다. 하지만 당신이 누군가에게 발을 밟히게 되면 그 고통을 알 수 있지요. 인과는 죄가 아닙니다. 당신이 남의 고통을 마음으로 이해할 수 있는 인간이 되면 인과는 성취됩니다. 즉, 해결됩니다.

66

인과는 다른 말로 '낳는다.'라고
표현할 수 있습니다.
'낳는다.'는 것은 어떤 의미일까요?
두루미는 두루미 새끼를 낳습니다.
생쥐는 생쥐 새끼를 낳습니다.
두루미가 갑자기 돌연변이를
일으켜서 판다를 낳는 일은 없지요.

이 세상을
천국으로 만들기 위해

내가 하는 말은 종교가 될 수 없습니다. 왜냐하면 '당신의 인과를 없애주겠다.'고 하지 않으니까요. '자신의 인과를 없앨 수 있는 것은 오직 자기 자신이다.'라고 말하니까요. 저는 '자신이 내놓은 것은 자신에게 되돌아온다.'는 사실을 전하고 싶습니다. 이는 우주의 법칙입니다.

누군가에게 "당신은 대단하네요."라고 말하면 이 말은 결국 자신에게 돌아옵니다. 당신에 대한 '대단하다'는 칭찬의 말로 되돌아오지요. 반대로 '이런 바보 같으니!'라는 비난의 말도 돌고 돌아 결국 당신에게 돌아옵니다. '이런 바보가 있나!'라는 핀잔을 누군가에게 듣게 됩니다.

이 책을 읽고 '히토리 씨는 참 대단한 사람이구나!'라고 생각했다면 내가 대단해서 아니라, 책을 읽고 감동을 한 '당신이 대단한 것'입니다. 다시 말해서 당신이 이 책에 공감하고 당신의 영혼이 그것을 깨달았기 때문입니다.

우리가 반드시 알아야 할 것은 '무엇을 위해서 태어났느냐'입니다. 즉, 인생을 어떤 의도로 살아갈 것인가입니다. 우리는 자신에게 일어난 모든 문제를 스스로 해결할 수 있습니다. 이때 '사랑과 빛, 즉 사랑이 존재하고 밝고 긍정적인 마음을 가질 수 있는 해결책으로 어떤 것이 있을까?' 하고 궁리하면서 문제를 풀어야 합니다.

문제는 사람마다 다르지만 해결하는 방법은 전부 똑같습니다. 사랑과 빛으로 고민하면 됩니다. **인생은 그런 수행입니다. 그리고 인생은 모두가 겪어야 하는 수행이므로 이왕이면 즐거운 마음으로 하는 것이 좋습니다.**

악행을 저지르면 나쁜 일이 일어나고, 선행을 베풀면 좋은 일이 일어난다는 인과의 법칙에서 인간은 절대로 벗어날 수 없습니다. 어차피 벗어날 수 없다면 즐겁게 헤쳐 나가는 것이 좋지 않을까요?

살다 보면 맑은 날도 있고 비 오는 날도 있습니다. 폭풍우가 불거나 눈이 몰아치는 날도 있지요. 날씨가 어떻든 그날이 좋은지 아닌지를 결정하는 것은 자기 자신입니다. 비가 내려서 싫다고 투정을 부릴 것인지, 아니면 촉촉한 느낌이 좋다고 할지는 자기 자신에게 달렸지요.

싫은 일이 생겼을 때 '정말이지 짜증 나는 하루야!'라고 생각할 것인지, 아니면 '이걸로 나쁜 인과가 하나 사라졌어!'라고 생각할지도 스스로 결정하는 것입니다.

저는 나쁜 일은 잘라 없애고 좋은 씨앗을 뿌려서 내 생에 모두가 웃으면서 만날 수 있는, 그런 세계를 만들고 싶습니다. 그런 일이 결국에는 국가를, 그리고 지구 전체를 천국으로 만드는 일로 이어진다고 굳게 믿고 있습니다.

66

우리가 반드시 알아야 할 것은
'무엇을 위해서 태어났느냐'입니다.
즉, 인생을 어떤 의도로
살아갈 것인가 입니다.
우리는 자신에게 일어난 모든 문제를
스스로 해결할 수 있습니다.
이때 '사랑과 빛,
즉 사랑이 존재하고
밝고 긍정적인 마음을 가질 수 있는
해결책으로 어떤 것이 있을까?' 하고
궁리하면서 문제를 풀어야 합니다.

"

문제는 사람마다 다르지만
해결하는 방법은 전부 똑같습니다.
사랑과 빛으로 고민하면 됩니다.
인생은 그런 수행입니다.
그리고 인생은 모두가 겪어야 하는
수행이므로 이왕이면
즐거운 마음으로 하는 것이 좋습니다.
악행을 저지르면 나쁜 일이 일어나고,
선행을 베풀면 좋은 일이 일어난다는
인과의 법칙에서 인간은
절대로 벗어날 수 없습니다.
어차피 벗어날 수 없다면 즐겁게
헤쳐 나가는 것이 좋지 않을까요?

'이런 생각도 있구나'라고만
알아줘도 그것으로 족합니다

이 책에는 평범한 상식으로는 믿기 어려운 내용이 많이 담겨 있습니다. 그래서 처음 저의 이야기를 접한 사람이라면 '별 이상한 책이 다 있네.', '별난 사람도 다 있구나.'라고 여길지도 모르겠습니다. 하지만 저에게 이 모든 것은 상식이고 진실입니다.

　제 말을 진심으로 믿은 제자들은 현재 풍요롭고 행복한 삶을 누리고 있습니다. 저는 무리하게 이 책의 내용을 믿으라고 강요하지 않습니다. '이런 하나는도 있구나.'라고만 알아줘도 그것으로 족합니다.

지금 이 순간, 전하고 싶은 이야기를 모두 이 책에 담았습니다. 그래서 당분간 책은 쓰지 않아도 된다는 마음에 솔직히 홀가분합니다.

이런 마음을 출판사 담당자에게 전했더니 "그런 말씀 마시고 앞으로도 더 많은 글을 써주세요!"라는 답을 들었습니다.

정말로 감사한 일입니다.

책의 서두에 제가 가장 좋아하는 '인의(仁義)'라는 시를 실었습니다.

이 시의 내용처럼,

'꽃 한 송이로 족하겠느냐

백만 송이라도 피우고 피우고 또 피우리라.'

당신의 인생이 멋지게 빛나길 진심으로 기원합니다.

사이토 히토리